可愛いままで年収1000万円になる♡

WORK LIFE STYLE BOOK

ワークライフスタイルブック

ワークライフスタイリスト
宮本佳実 著

常識的に考えて、
いままでの経験から考えて、
たぶん、無理……。
そんなふうにあきらめたことは、
たくさんあった。

でもね、心のどこかで思っていた。
私にも、何かできるんじゃないかって。
特別な何かが、あるんじゃないかって。

そう、正解♡
私も、あなたも、特別。
だから、あなたの理想は現実になる。

はじめに

こんにちは、宮本佳実です。

私の4冊目となる著書『可愛いままで年収1000万円になる♡ワークライフスタイルブック』をお届けすることができて、いま、夢のような気持ちです。

私は普段、女性の新しい生き方・働き方（＝ワークライフスタイル）の提案を仕事としており、ブログやインスタグラムなどのSNS、講演やセミナーで考え方やスタイルを発信させていただいています。

この仕事をはじめたのは、7年前に個人向けのファッションスタイリストとして、独立したことがきっかけでした。自宅をサロンにして、ひっそりとスタートした私の起業ライフ。試行錯誤しながらも、目の前のことに集中して、その時その時の自分の思いに正直に、さまざまな選択をしていった結果、理想とするワークライフスタイルがどんどん実現していったのです。

そして自分の好きなことが本当に仕事になり、「毎日、嫌な予定が一つもない！」という日常が送れるようになりました。そんな中で、「こんな素敵な毎日を独り占めなんてできない」と思うようになり、自らワークライフスタイリストと名乗って、この働き方・生き方を発信することとしたのです。

「好き」を仕事にし、「思い通り」の人生を生きる。これは夢物語ではなく、選ばれた人にしかできないことでもなく、誰にでもできる普通のことなのです。そう、考え方と行動をちょっと変えれば、誰でもできる簡単なこと。

これまでの本でもお伝えしてきましたが、今回は、よりリアルな私のワークライフスタイルをみなさんに見てイメージしていただけるように、写真をたくさん入れました。

自分の部屋やファッションや美容のことなども少し紹介させていただいたのですが、「モデルやタレントでもない普通の私が、こんなことを書くなんてどうなんだろう……こんなこと、誰か知りたいんだろうか……」と自分で突っ込みたくなる場面もありました。でも、「普通の私」だからこそ、みなさんにお伝えできることがある、そう思い直したんです。「普通の私」が思いっきり自分の日常を楽しむことで人生が変わる。それを、みなさんに実感していただけたら本当に嬉しいです。

はじめての本『可愛いままで年収1000万円』を出版して一年と少し経ちますが、この一年間で自分が発信してきた内容がより確信めいてきたなと感じています。

それはなぜかといえば、多くの方が共感してくださり、私の本を読んで人生が変わったと、たくさんお声をくださったから。そして、読者の方や、まわりの人たちが、「好き」「楽しい」「心地よい」を基準に日常のあらゆる選択をすることで、どんどん豊かに自由になっていく様子を目の当たりにしたからです。

この世に同じワークライフスタイルは一つとしてありません。
だからこそ、あなたも、「自分らしい、世界でたった一つのワークライフスタイル」を楽しみながらつくってみてください。

あなたのワークライフスタイルが、とっておきのものになりますように♡

宮本 佳実

2016年11月

Contents

chapter 1
MY IDEAL

chapter 2
WEALTHY

chapter 3
MY STAGE

chapter 4
BEAUTY

chapter
5
BRANDING

chapter

6 LIFE&TIME

装幀：荒牧洋子（monocri）／編集協力：中村美砂子／写真：嶺倉 崇

ヘアメイク：森 清華（Rouxda'）、衣笠 環（Beauteria）／スタイリング（一部）：鈴木由美香

chapter

1

MY IDEAL

理想の ワークライフスタイルは 必ず実現する

chapter

1

「あの理想がかなえば、
もっと楽しい毎日が送れるのに……」
なんて、掲げた理想に執着しすぎて、
いまを楽しめない……そんな時期があった。

理想の毎日が送れていないからって、
いまに満足できないでいるうちは、
理想はなかなか、かなわない。

「かなってもかなわなくても、いま、私は幸せ♡」
と、「いま」が満たされていると、
願いって簡単にかないだす。

ビジョンにも縛られない私になったとき、
夢はスルスルと現実になる。

理想を集めて「こうなる♡」と決めるだけ

これまでの本でも繰り返しお伝えしてきたことですが、私は本当に普通の高卒ＯＬでした。手取りは毎月15万円程度。年収にしたら３００万円に満たないほど。
それでも、終電になるまで残業することもあったし、理不尽なことで上司に怒られることもありました。耐え忍ぶ毎日とまではいわないけれど、あのころの私は「イヤなこともがんばってやる、それが働くということ」と考えていました。

そんな日常の中にいた私は、自分らしく自由に働く女性にとっても憧れていたんです。

その憧れというのが海外ドラマ
「セックス・アンド・ザ・シティ（ＳＡＴＣ）」の主人公、
キャリー・ブラッドショー。

彼女の職業はライターで、いつも家や近所のカフェでパソコンに向かっている。でもそれは「仕事」という感じではなくて、友だちとのブランチやお気に入りのお店でのショッピングなどと同じように、彼女の生き方に溶け込んでいる感じがしたのです。

「私も、こんな風に働きたい！」

ドラマなんて架空の話だって、わかってはいたけれど、まだ実家暮らしだった私は、仕事から帰るといつも自分の部屋の小さなテレビにかじりつき、このドラマを見ては未来の自分とリンクさせ、イメージを膨らませていました。

当時は、どうやったらキャリーのように働けるのか、まったく見当がつかなかったけれど、私はいま、あのころ憧れていたキャリーのように働くことができています。

好きな時間に起き、気心知れた友だちと平日にランチをし、ふらっとショッピングに行って、その合間にカフェで仕事をする。

本を出してからではなく、それよりずっと前からこのワークスタイルを通していて、それを書き留めたのが、一作目の『可愛いままで年収１０００万円』でした。

私のクローゼットの中のキャリー棚。
いつも自分の目に入るから、元気がもらえる♡

なんでも構わないのです。「この生き方、理想！」「こんな働き方、素敵！」というものを集めてみてください。ドラマや映画、小説など、架空のものでもいいのです。手が届かないような有名人のワークライフスタイルが理想！というのでも、もちろん大丈夫。

自分が「理想」と思い、「こうなる♡」と決めた瞬間、いろんなことが動き始めるから。

まずは自分が理想とする働き方と
生き方を探すことから始めよう。
あなたの未来はどんどん明るくなる。

MY IDEAL

理想は、何度でも書いてみる

「理想だな♡」と思えることが少しずつ増えてきたら、ノートに書き留めておくことをオススメします。私も、本当にたくさんの理想をノートに書いてきました。

たとえば、今回はじめて「ワークライフスタイルブック」という形でビジュアルブックを出版することになりましたが、これは私が起業する前からの夢でした。

私、スタイルブックマニアなんです。好きなモデルさんはもちろん、それほど興味がない人のものでも、スタイルブックとなるとすぐに手に取ってしまいます。

はじめて買ったのは中学校時代、ともさかりえさんのスタイルブックのようなものでした。そこには彼女の生活や友だち関係などが載っていて、それを見ながら彼女になりきった気分で何度も読み返していたことを覚えています。

「こういう本がもっとあったらいいのに……」と思ったのですが、当時はスタイルブック自体が少なくて。それからだいぶ月日が経って、スタイルブックというジャンルが確立してからは、何冊も買い込んで「この人のファッションセンスが好き」とか「この人の恋愛観に共感できる〜」とか「この生活スタイルいいな〜」なんて、いろんな方のいいところを少しずつ、できる範囲のことを参考にしていました。

そのころからずっと私は、「スタイルブックを出したい」と思っていたのです。起業当初に書いた理想にも「スタイルブックを出す」と掲げていました。

当時、誰かにそれを話していたら、絶対に笑われていたでしょう。「タレントでもない、モデルでもない、一般人のあなたがスタイルブック？」という声が聞こえてきそうです。

あのころは、どうやったらスタイルブックが出せるのか、見当もつきませんでした。そう、わからないことだらけだったし、「いまは到底無理だけど、いつかは出したい……」という思いだけだったのです。でも、自分の気持ちに正直にいえば、「出したい」のですから、それでいいのです。

みなさんにも、「こうしたいと思うけれど、いまは到底無理」ということ、ありますよね。でも、それでいいのです。あなたの「こうしたい」という思いだけで十分なのです。

そして、それをノートに書き留めます。「スタイルブックを出す」という感じで。

ただ、私の場合、その理想を何度も何度もノートに書くことになりました。だって、全然かなわないんですもの。

でも、いま「ワークライフスタイルブック」というもっとも私らしい形で現実になっています。そう、着実に、確実に、理想は現実になっていくのです。


未来をイメージしながら、ノートに「こうなりたい♡」を書いているときは、心の底からワクワクして、幸せな気持ちになります。そして何度も何度も書くことで、その思いが自分の中に強くすり込まれていきます。そういう時間を増やすことで、理想へと確実に近づいていくのです。


だから、理想はめげずに、何度でも書いてみる。

「かなわない〜」と嘆きながら書くのではなく、「こうなったらいいな♡」と、ワクワクしながら書くことがとっても大事です。

この本を書くにあたって、昔使っていたノートを見返してみました。そこには私の夢がたくさん書かれていて、かなってほしいことは実現していたんです。（かなっていないこともあるけれど、それはいまの自分にとって「かなわなくてもよかったこと」）

たとえば2年前の私は、こんな理想を書いていました。


♥アメブロのデイリーランキングが1000位以内を維持しています。たくさんの方が私のブログを楽しみにしてくれていることが本当に嬉しい。ありがとうございます！

（いまは毎日総合1000位以内です）


♥私の日々の気づきを綴ったメルマガの読者が1000人を超えました！

（いまでは理想の10倍以上の方が読んでくださっています）


♥100人規模のセミナーを全国で開催。満員御礼。ありがとうございます！

（いまでは300人規模のセミナーが、全国で満員御礼です）


♥「ビューティリア（＊）」のシステムが順調に回っていて、スタイリストのみんなも「とても幸せ」と喜んでくれています！

（いまは2人のスタイリストが引き継いでくれていて、彼女たちも本を監修するなど

＊ビューティリア／私が築き上げた「女性のためのスタイリングサロン」

大活躍しています）

♥ノウハウとライフスタイルを融合させた新しい本を出版！（この本ですね♡）

♥3カ月に1回、海外旅行でリフレッシュできています。
（年3、4回は海外に行くようになりました）

文章は、かなった前提で過去形に。なによりも自分の気持ちに素直に大胆に書くことを大切に。「いまの自分だったらこのくらいかな」という基準ではなく、「こうなったら、最高に幸せ！」ということを書くのです。だって、誰にも遠慮する必要なんてないのですから。

2年前の理想を、私はいま当たり前のように、確実に生きているのです。

だからこそ、理想はもっと大胆に♡
本当に生きたい人生をノートに描こう！

5年くらい前に雑貨屋さんで見つけてまとめ買いしていたノート。かわいいデザインなのはもちろん、持ち歩くので、軽くて薄いのが◎です。

私がノートに書いていること

理想の未来

ワクワクした気持ちで、かなったかのように過去形で。

新しいビジネスのアイデア

アイデアのまとめ

誰にも遠慮しないで正直に。

いまの自分の思い

日ごろの気づき

読んだ本のまとめ

本やブログを読んでいて気に入った文章のメモ

私がいま使っているノートは、アイデアを自由に書ける方眼紙タイプのもの。薄めでバッグに収まるサイズなので、いつも持ち歩いて思いついたときに書いています。用途ごとに書き分けず、すべて1冊に書き込むことで、自分のアイデアや思い、理想の未来を時系列で見ることができます。

MY IDEAL

私の生きる毎日を「私」が決めよう

私は起業したとき、個人向けのパーソナルスタイリストをしていました。カラー診断や骨格診断で、一人ひとりに似合うものを提案したり、ショッピングに同行してお客様のスタイリングをする仕事です。

そのころの手帳は真っ黒でした。同行ショッピングはお客様1人につき2時間ほど行うのですが、それを一日3人もやっていました。1人の方に2時間付き添って、少し休憩をとり、また2時間……を繰り返すのです。

これは、そうしていないと不安だったからです。予約が入っていないと人気がないような気がしたし、独身一人暮らしの私は、何より「生活ができない……」と思っていました。まわりから「無理しすぎじゃない?」とよく言われていたけれど、「忙しいことが人気のバロメーター」と信じていた私に、その声はまったく届いていませんでした。

でも、いつごろからでしょうか。手帳を見て息切れをするようになったのです。真っ白な手帳は不安だけど、真っ黒になった手帳は息切れする……。私はこのアンバランスさに疑問を覚えました。

そして、「働き方を変える時期なのかも」と本気で思ったのです。そこからどうやって働き方を変えていったのかは、第5章で紹介するとして、ここでは、みなさんに理想のワークライフスタイルを考えてもらいたいと思います。

まず、自分が本当に望む一日を紙に書いてみましょう。

会社勤めで「理想の一日なんて、自由に書けない！」という方もいるでしょう。そんな方は、平日バージョンと、休日バージョンを書いてみてください。

たとえば、いつもより1時間早く起きて、お気に入りのコーヒーショップで読書をしてから出社するとか、会社帰りにコスメカウンターで気になっていた香水を試してみるとか……。あなたなら、普通の一日を一気に華やかにできるはずです。

その調子で休日も。いつもなら、なんとなく過ごしていた休みの日を、ぜひ、あなた

あなたの一日を
輝かせられるのは、
あなただけです。

「なんとなく」はいますぐやめて、
こだわりの一日を
気軽にプランニング
してみましょう♡

らしい、おしゃれで特別なものにしてみてください。雑誌で見て気になっていたカフェでランチをしたり、自然あふれる場所で大切な人とのんびりする……なんていうのも、素敵ですよね。

私もそうだったのですが、理想を書いて、いつの間にかその通りの一日を過ごせるようになると、「なんだ、簡単にできる！」と思えてきます。

そう、それこそが「成功体験」です。小さな成功体験を積み重ねることは、理想をかなえていくための、ものすごく大切な手順でもあるのです。

理想の一日をイメージできたら、次は2週間スパンで理想のワークスタイルを考えてみます。1週間だと、毎週やることが決められてしまいがちなので、もっと自由度をもたせるために「理想の2週間」をノートに書いてみるのです。

そして、その2週間でどの仕事をどれくらいやれば理想の月収になるのかを徹底的にシミュレーションしてみます。仕事の合間、友達との会話のあと、暇なときなど、ことあるごとに。(詳しくは『可愛いままで年収1000万円』をご覧ください)

コツはやっぱり、「こうなったら最高じゃん♡」とワクワクしながら考えること。いまを、ちゃんと過ごすことも大事だけれど、週に1回ぐらいは未来を考えてみるんです。

そうすると、「計画を立てたものの、こんなの現実的には無理かも……」と思っていたことでも、あっさりかなってしまい、いまのワークライフスタイルが、さらに自由で豊かなものになっています。

MY IDEAL

理想を話せば、エネルギーが加速する♡

遠慮のない理想が描けたら、人に話してみることをオススメします。

自分が「こんな夢、かないっこない」と思い込んでいることでも、ほかの人から見れば、「そんなの簡単にかなっちゃう♡」なんてことがあるのです。

「タイミングが来たら」「誰かが声をかけてくれたら」「何かが変わったら」というように、まわりが動いたら自分も動けると思っている人が多いのですが、それではなかなか事態は変わりません。なぜなら、自分のまわりのエネルギーが止まったままだから。

理想を描いて自分の意識が変わるだけでも、少しずつエネルギーは動いていきます。さらに自分が動くと、まわりのエネルギーがさらに勢いよく動き出すため、物事がどんどん展開して、「ミラクル！」と思えることが簡単に起こりはじめるのです。

だから自分が先に動く！　エネルギーを動かす!!

声もお金も自分が先に出すことで、まわりのエネルギーが循環しはじめます。だれかが動かしてくれるのを待つより断然早いので、私はとりあえず自分が動いてみる♡　それを心がけているんです。

「絶対成功！」を目指して動く必要はないんです。ちょっと誰かに喋ってみるとか、調べてみるとか、下見に行くとか、それくらいでも効果ありです♡

たとえば私は、ブログのヘッダーや記事のなかに、キレイなイメージ写真を使いたいな～と思いはじめたころ、まずは名古屋で撮影スタジオを検索してみたんです。

いろんな人のブログを見ていくうちに、私もプロにヘッダーを作ってもらいたくなったからなのですが、当時はみなさん証明写真のような自分のバストアップ写真をででん！と載せるスタイル。これは私が求めているものと違うな～と思っていました。

もっとモデルさんのようにおしゃれな感じで、カメラ目線じゃないイメージカット。

「いつでもどこでも、素敵に仕事ができる」という、自分が発信しはじめていたメッセージを写真にも込めたい、そう思っていたのです。
　そうして自分で検索したり、知り合いに紹介してもらったりして、センスに共感できるカメラマンさんが見つかったら、自分のブログやパンフレットなどを見せて、仕事内容やブランディング、撮ってほしいイメージなどをしっかり話しました。

　ワークライフスタイリストとしてはじめてプロにお願いした写真は、「ピクニックに行って、パソコンを開いているシーンを撮りたい」という、なんとも理解しがたいリクエストをし、撮影してもらった1枚。とっても気に入って、長い間使っていました。

そんな私のワガママと真摯に向きあってくれ、1冊目と2冊目の表紙を撮影してくれた「BIBIKOさん」や、3冊目とこの本の撮影をしてくれた「嶺倉崇さん」は、センスがよく、撮られる側の意見もちゃんと聞いて、すばらしい作品に仕上げてくれるアーティスティックなカメラマンさんなのでとても信頼できます。

今では半年に一度くらいのペースで依頼し、イメージに合うハウススタジオも予約して、より理想に近い撮影が本格的にできるようになっていきました。

実は私の1冊目と3冊目の表紙写真は、そうした写真のストックのなかから選んだものです。もちろん、必要な時に撮影してもいいのですが、直前になって「用意しなきゃ！」となると、理想通りのものが撮れるとは限らない。

洋服や靴なんかも、撮影や講演の前に慌てて探すと、なかなかイメージのものが見つからないもの。だからこそ、日頃からショッピングの時には、セミナーや撮影で使える洋服も一緒に探すようにしています。良いものがあったら、予定がなかったとしても買ってストック。

これは、なんでもそうですよね。

常日頃からお気に入りのストックを用意しておくと、
ここぞという時に、良いものがサッと出せる。

撮影の話に戻りますが、素敵なカメラマンに撮影してもらうとなると、お金もかかるわけですし、ハウススタジオも借りるとなると、年に何度も、というわけにはいきません。それでも自分で定期的にやってみて良かったことは、撮ってもらうごとに、自分のビジョンやブランディングが固まっていくこと。

その都度「私はどう見せたいんだろう、どうありたいんだろう」と考えることになるので、回を増すごとに、その軸が強くなっていくのがわかるんです。

Photographing

プロの力を借りると、自分が気づかない魅力を見つけたり、引き出してもらえることも。
「この角度の顔が、映りがいいんだ！」とか、「こういうポージング、自撮りでも使えるかも」
など、テクニックも盗めちゃったりします。

MY IDEAL

人生は楽しく生きる責任がある♡

昔の私はなぜか遠慮がちで、なんとなく楽しんだらいけないような気がしていたんです。なにか同情してもらうことがあったほうが、人に好かれると思っているところがあって、上手に人生を楽しむことができませんでした。
でも、起業という形で、一人で仕事をするようになると、いやでも自分と向き合う時間が増えていったのです。

私の売り出しポイントは、なんだろう。
私がアピールできるところって、なんだろう。
私は、どうしたいんだろう。
私は、どういうポジションにいたいのだろう。

自分で自分に尋ねては、答えを出していく日々。

そういった中で、本当は自分はどうしたかったのか、どんな人生を送りたかったのか。答えが、どんどん明確になっていったんです。

「あー、私もっと我慢せず、豊かになりたかったんだ」とか「もっと自由に生きたかったんだ」とか。わかっているようで、ちゃんとわかっていなかった欲求。

その一つひとつを認めて、自分で自分の願いをかなえてあげるようにしていきました。

そうしたら毎日がどんどん楽しくなって、「いやな予定が何一つない！」というところまでいけたんです。

昔は、「こんなに自由にしたら誰かに迷惑をかけるかもしれない」とか、「もっと豊かになりたいと思うこと自体が卑しいんだ」とか、そんなことばっかり考えて欲求を見ないようにしていたんです。でも、いますごく自由だけど迷惑をかけていることはとくにないし、前より豊かになったら、逆に卑しいと思っていた心は消え去っていた。

自分の欲求に素直になる。これは、「人生を楽しく生きる」上で、とっても大事なこと。

誰かに嫌われないように、後ろゆびを指されないように、誰にしているかわからない遠慮をしながら自分の人生を生きるなんて、本当にもったいない。

自分の人生を楽しく生きて、それをなんだかんだ言ってくる人は、思い切って手放す！だって、私には私の人生を楽しく生きる責任があるんだから。それをほかの誰かのせいにして我慢するなんて、もったいないことなのです。

自由に生きたいなら、
もっと楽しく生きたいなら、
好きなことしたいなら、
もっと豊かになりたいなら、
いますぐ、そっちにベクトルを向けよう。

「私の人生を生きる」

——そう決めたいまこそが、抜群のタイミング。

すごい人も実はみんな、大差ない

まわりの人を見て「すごいな〜」「才能あるな〜」と思う人っていますよね。たしかにね、みんな得意なことは違うから、一方だけから見れば、「あの人のほうがすごい」ということになるのかもしれませんが、トータルで見れば、実はそんなに大差はありません。

では、何が違うのかといえば、次の3つのことです。

1
自分の得意なことがわかっている

2
行動量が多い

3
自分のことを「すごい」と思っている

この3つがあれば、誰でも「すごい人」になることができます。

1 自分の得意なことがわかっている

勉強ができる、スポーツができるなど、わかりやすい才能はもちろんですが、それ以外でも、人の話を聞くのが得意、整理整頓が上手、あるいは「これを得意って言っていいの？」と思うくらい自然にできてしまうことなど、本人も気づかないような「得意」は誰にでもあるものです。

だから、注意深く自分を見る。

「気がつかなかったけど、これ、自然にできちゃってるな」「みんな、こんなことで悩んでいるの!? できるのが当たり前だと思ってた！」というような、自分の中の隠れた「得意（天才性）」を見つけましょう。

2 行動量が多い

そして、行動する。思考は現実化するといいますが、もちろんそうです。でも、やっぱりここは三次元の世界。「東大に合格したい！」とどれだけ布団の中で願っていても、それだけで合格するはずもなく、やっぱり受験しなければならないのです。

だから行動することがとても大事。

うまくいっている人の行動量は、普通の人の何倍にもなります。これは得意なことをたくさんやればいいだけなので、そんなに大変なことではありません。

私は洋服が好きでお買い物が大好きだったから、ファッション雑誌を読みあさっていたし、洋服屋さんに足しげく通っていました。だからまわりの人からファッションを褒められることが多く、私の得意は「ファッション」だと、ＯＬ時代から思っていました。

好きなことをとことんやる。それが、「すごい」を見つける方法なのです。

3 自分のことを「すごい」と思っている

自分を「すごい人」だと思うこと。これは一番大事です。これができる人と、できない人では、行動量も変わってきます。でもこれは、すごい結果が出たから、「すごい」と思いましょうということではありません。

「私は何もできなくても、失敗しても、こうして生きているだけで、すごい存在だ！」と思うことが大事なのです。

そうすると、「成功しなきゃ、私はすごい人になれない……」と、自分を責めるようなことがなくなります。

たとえば、芸能人になったり、本が売れたりすると、偉そうになる人がいるのを聞いたことがありますよね。そういう人は、自分が有名人扱いされないと怒ることもあるのだそう。私は、なぜそんなふうになる人がいるんだろうと思って、あるとき心理カウンセラーの心屋仁之助さんに聞いたことがありました。

「そういう人は、結果を出した自分がすごいと思っているから、それなりの扱いを受けないと自分が認められていない気がして怒るんだよね。でも、もともと何もできていない自分もすごいと思えている人は、ほかの人から有名人扱いされなくても、腹を立てたりしない。そういう扱いをされることだってあるよね〜って笑えるんだよね」

この話を聞いたとき私は、「たしかにそうだ!」と思いました。

何もできていない自分、人に自慢できるような結果がない自分、そんな自分のことも「すごい」と思えたとき、もっと特別な自分に生まれ変わるのだと思います。「結果」や「成果」がすごいのではなく、すごいのは「私自身」。

「自由・楽しい」＝「起業」じゃない

私はすべてのみなさんに、起業をすすめているわけではありません。ただ、

♥自分の好きなことを仕事にする
♥働き方を選ぶ
♥もっと自由に生きる

その中の一つに「起業」という選択肢もあるということ。

起業が「自由で楽しいもの」とばかり思っていると、もしかしたら起業したあとに「違った!!」と思うかもしれません。起業が楽しいのではなく、自由と楽しさは自分でつくるのです。

もちろん会社に所属しながら、別の好きな仕事をすることもできます。かっこいいオフィスから出てきて、ファッショナブルな服で同僚とランチ、そんなOLライフを謳歌している方を見ると、私はとってもうらやましく思います。

だから、自分が選びたいほうを選ぶだけ。本当に、ただそれだけなのです
「早く結果を出さなくちゃ。早く成功しなきゃ」と、答えを急いでいませんか？
いま、あなたが思い描いている理想は、あなたの人生の答えとは限りません。

きっとあなたの理想はかなうけど、
それが、あなたの人生のゴールではない。

いまの理想がかなったとき、
また、新たな理想が思い浮かぶはず。

だから、そんなに焦らなくても大丈夫、
本当の答えは、理想の先にあるものだから。

結果を焦るのではなく、過程を楽しもう。
それがあなたの、人生の財産になる。

MY IDEAL

やりたくないことを、やらないかわりに

「やりたくないことは、やらない」

私は「好きなことをする」と決めてから、ずっとそうしてきました。

「本当に、やりたくないことはやらなくていいんですか？」という質問を受けることはよくあります。そう、やりたくないことをやらないというのには、覚悟がいるのです。

たとえば、部屋の掃除がしたくないからやらないという選択をしたら、部屋は汚れたままでしょう？　それを受け入れる覚悟が必要なのです。

では、私はどうしてきたか。

やりたくないことを手放すために、「それ以上の結果が出ることを考える」ということを、常にやってきました。たとえば、掃除の件でいえば、家事代行サービスをお願い

してみました。すると、自分で掃除する以上に、綺麗な部屋が手に入りました。

ビジネスでも同じです。

ブログのアクセス数を上げるためには、いろいろな方に読者登録をしてもらうことが大事で、そのためのセミナーなど、さまざまな手段があることも知っていました。

でも、それは私のスタイルには合わなくて、やりたくなかったんです。私はやらないことで、読者登録数の多い人よりも結果が出ないかもしれないと腹をくくりました。

そのかわり、質のよいブログを書くとか、起業仲間とブログを紹介し合うとか、私が楽しくできて結果が出せそうなことを常に考えていました。

こうやって、やりたくないことを手放していくことで、生き方も働き方もどんどん楽しくなっていきました。

そして、自分の「好き」も「嫌い」もはっきりわかるようになったら、生活はどんどんシンプルになっていったのです。

ときどき、最初はやりたくてやっていたはずなのに、苦しくなってしまうこともあると思います。そんな時はぜひ自分のノートを読み返してください。そうすると、自分が何にワクワクしてこの道を選んだのかを思い出したり、当時の自分とは違う考えの自分を発見できたりします。

今回、この本を書くにあたり、私も昔のノートを読み返したのですが、なんだか当時の自分が可愛くて、笑ってしまいました。

「私のワークライフスタイルが、憧れられるような存在になる！」
「よしみ流仕事術、よしみ流ファッション理論、よしみ流ライフスタイル、よしみ流ビューティー法を発信！」

その時に思ったことが書き連ねられていて、右往左往している様子が愛しく思えます。
（いまは私流のビューティー法を発信しようなんて全く思えません。笑）

でも、あのときの私は一生懸命で、理想の未来を夢見ながら、一つひとつ選びながら、楽しく真剣に生きていた。だからいまがあると思うのです。

当時のアイデアは「軽く投げる」の精神で、ブログ上でやってみたり、セミナーを開いたりして形にしていました。それを少しずつ調整しながら、「違うな」「やりたくないな」と思うものは手放し、少しずつ少しずつ、自分が理想とする形にしていきました。

最初から「これ!!」というものが見つかるとは限らないし、誰もがすぐに大成功するわけでもありません。でも、それでいいのです。

いま「これだ！」と思うもので、まずは始めてみる。もしかしたら途中で新しいアイデアが見つかって、やめるときがくるかもしれない。だから迷っていいのです。迷いながら始めて、やりたくないことを手放していくのです。

一歩、いえ半歩前に進むだけで見える景色ががらりと変わり、新たなアイデアがぽんと出てきたりするものです。

いまから半歩先の景色を、見てみませんか？　そこで、じっと考えているだけじゃ、いつまでたっても、その風景は見られないから。

My Biography

ここでは、18歳から始まった
私の仕事バイオグラフィーをご紹介。
私にも悶々としていた時期や、失敗がいっぱい!!
新メニューに全然申し込みがなかった、
自信作のブログに全く反応がなかった……などなど。
でも、**失敗はただの情報♡**
「この内容を生かして次を考えよう」と切り替えて、
失敗を重く受け止めない！

age

18歳

高校卒業後、大手アパレルメーカーに販売員として就職

大好きな洋服の仕事につけて嬉しかった！　でも、まわりは大卒・専門卒のしっかりした方ばかり。「できない子」になっている自分がすごくはがゆかった。

←

21

一般企業で人事担当に

残業残業の日々。一人で県外に出張することも多かったし、人間関係も大変で、精神的にかなり鍛えられた5年間でした。

←

24

司会者となる（400以上の件数を経験）

何か自分でもできることないかな……と、模索する中で見つけた司会業の仕事。マイクを通して発した言葉の影響力の大きさに何度も負けそうになったけれど、7年以上続けられました。

←

25

結婚を機に退社し、司会業一本で活動

人気商売だから、スケジュールが埋まることが充実だと思っていたころ。

←

age

28歳

パーソナルスタイリストとして起業し、名古屋駅にビューティリアをオープン

いまのように女性起業というカテゴリーもなかったので、自分が起業したとは思っていませんでした。でも「好きなことを仕事にできる！」と水を得た魚のように夢中だったなぁ。思いついたこと、やれることは、とにかく全部やりました。

←

30

離婚。本当の経済的自立がはじまる

起業して1年後、離婚。生まれて初めての一人暮らし。精神的にも経済的にも不安で、クローゼットの中で体操座りをして泣くことも。それでも、ここまでやってこれたのは「好き」と「心地よさ」を自分に正直に選んできたから。

←

31

女性起業支援、イベント主催など新たな活動を開始

好きなことを一つひとつ選びながら予定を組むようにしたら、ある日、「今日も、嫌な予定が一つもない！　明日も明後日も楽しみな予定ばっかり！」と気がついた。次の瞬間、「こんな楽しい毎日、独り占めしている場合じゃない、みんなに伝えなきゃ！」と、ワークライフスタイリストの仕事をすることを決意。

←

32

ビューティリア大阪サロン、新名古屋サロンをオープン

仲間を増やして、サロンをチーム化しました。自分自身は女性の新しい生き方・働き方を提案する仕事をメインに活動。この仕事にも集中することができて、私の本当にやりたいことはこれだった！と、思うことができました。

←

33

次のステージに行きたい！と決断

3〜7名でやっていたセミナーを一気に40名に増やしてみる。満席となり、とても嬉しかった!! それまで、すごくモンモン期が続いていたけれど、自分が本当に身を置きたい場所がわかった気がしました。そして本の出版が決まりました！

←

34

初の書籍『可愛いままで年収1000万円』出版

夢がかない、ちょっと信じられないくらいでした。それから立て続けに1年間に2冊を出版。本当に嬉しく思っています。

chapter

2

WEALTHY

あふれる豊かさを手にする

chapter 2

人生のピンチがあったとすれば、
お金がなかった「あのころ」だと思う。

あのころは、
本当にいつも「お金がない」って言っていた。
それが、ガールズトークのメインテーマ。

でもね、「お金がない」はお金が増えない残念な呪文。

それに気づいてからは、
「お金がない」を言わないようにしたの。

そうしたら、「お金がない」現実が遠のいていった。

そうか、「お金がない」原因は自分でつくっていたんだ。
どうせ言うなら「お金はある♡」

そんなことに気づいた、５年前の秋。

我慢ばかりでは心は満たされない

「自分を大切にする」。それを意識するようになってから、私は以前よりもっとまわりの人に優しくできるようになりました。

自分のやろうとしていることを、我慢ばかりしていた時もありました。「こんなことにお金かけるなんて、もったいない」とか「私ばっかり、良い思いをしていたらいけない」とか……。我慢することを美徳だと思っているにもかかわらず、なんだか心がギスギスしてしまう自分がいました。

心が本当に満たされることを、していなかったからです。

質素倹約して心が満たされるなら、それはそれでいい。何も、使いたいだけお金を使いましょうと言っているのではありません。

でもね、自分が心満たされる「プチ贅沢」に、少しお金をかけてみるだけで、驚くほど満たされて、まわりの人にも優しくできるのだから、みなさんにもぜひ試してもらいたいと思うのです。

以前、何かのセミナーに参加したときに会話した方が、

「お金持ちになりたい」と話していました。いまが楽しくないという感じだったので、

「お金持ちって、たとえばどういう？」と聞いたら、

「ザ・ペニンシュラ東京のスパに行けるとか」という答え。なので、

「では、いますぐ予約をとって行ってみたら？」と提案してみたら、

「えっ？　いま!?」とビックリされていました。

そう、ただ予約をとって行けばいいだけなのです。もちろん何回も行くには、それ相応の経済力がいりますが、まずは旅行感覚でやりたいことをやってみる♡

やりたいことを自分の世界のことにするのか、しないのか。
それは自分の選択一つです。

できないを、できるに変換しよう

私はこれまで、「まだお金が全然ないころから、豊かさの先取りでグリーン車に乗っていました」ということを、いろいろなところで話してきました。

もちろん最初は、グリーン車に乗るのにもすごく勇気がいりました。「グリーン車にしなければ、どこかのホテルランチを食べられるじゃん」と考える自分もいたりして。みどりの窓口で並んでいるときには「往復グリーンは無理だから、行きと帰り、どっちをグリーンにしよう……うーん」と悩み、切符を買うときも、「グリーンで」という言葉を言うのにかなり勇気を出していました。

でもグリーン車に乗るという体験をしたかったので、最初はどうしたら乗れるのかということから考えました。もちろん、出そうと思えば出せる金額ですが、もったいなくて、なかなかその勇気が出ない。

だから私は調べました。ＪＲ東海ツアーズが出している「日帰り１ｄａｙ東京スペシャル」というツアーパックで新幹線の切符を買うと、なんと普通車両と同じくらいの金額で、グリーン車に乗れるのです。

でも当時は、乗れる時間が決まっていて、行きは朝早い列車の数本、帰りは夜遅い列車の数本から選ばなければなりません。だから、昼すぎに東京での仕事が終わってしまったりすると、もう、時間を潰すのが大変です。品川のカフェに何時間も入りびたることなんて、しょっちゅうやっていました。でも、そうすることで私は「グリーン車」を体験することができたのです。

それ以前は、同じくＪＲ東海ツアーズの「ぷらっとこだま」というプランを使って、「グリーン車」体験をしたこともありました。ものすごくお得にグリーン車に乗れるのですが、こだまは各駅停車なので、東京～名古屋で片道約3時間もかかってしまいます。

それでも、時間に余裕のあるときは、これを利用して「先取り」していました。

「できない……」を
「できる‼」に変える力は、
ものすごく大事。

この変換力が
理想を現実にする。

みなさんとお話しをしていると、「○○したいけれど、できない」という声をよく聞きます。でも、だとしたら、それがどうしたら「できる」に変わるのかを調べてみてほしいのです。

いま、あなたが「やりたいけど、できない」と思っていることは、本当にできないことなのでしょうか？
あなたなら「できる」に変換できるのではないですか？

それに慣れてくると、ビジネスの面でも、「できない」が「できる」にどんどんと変わっていきます！

WEALTHY

意識を変えるだけで豊かになれる

私は長い間、自分のことを本気で「お金に恵まれない星の下に生まれたんだな」と思っていました。

実家はお世辞にも裕福とはいえなかったし、高校を卒業して就職しても月20万円もお給料をもらえない。ほしいものはたくさんあるのに、いつも我慢の日々……。「それが私の人生なんだ」と思っていました。

参加したいセミナーがあって東京に来たときは、治安や設備に不安があっても、数千円の安いホテルを探して泊まっていたし、海外旅行なんて、はじめて25歳の時に格安で韓国旅行をするまで、行ったことがありませんでした。

でもいま私は、自分の心が満たされるのに十分な豊かさの中で生きることができています。

私が最初にしたことといえば、そう、意識を変えたんです。当時は、お金なんて全然ないし、稼ぎ方だって知らないのに、自分は年収1000万円を稼げる存在なのだと、誰がなんと言おうと、そう思ったのです。

これは、ただ思うだけ。そして、ノートに書くだけ。誰にでもできるし、簡単です。まずは自分の豊かさの基準を決める。これはビジョンを描くのと同じで、自分がワクワクする豊かな状態を具体的に思い描きます。

住むなら都会？　ゆっくりできる田舎？
たまの外食はどんなお店？
旅行は年に何回？　どんな国へ行く？
時間がたっぷりあったら何をする？

どんな服を着て、どんな場所で、どんなふうに過ごしているか……。憧れの姿を雑誌などで見つけたら、切り抜いてノートに貼っておくのもグッドアイデアです。
あなたが何に価値を置いているかを具体的に描けたら、希望の年収をノートに書いてみましょう。ただ数字を書くよりも、「どんな豊かさが欲しいか」を明確にし、そこから具体的な数字を考えたほうが、実現へのスピードが加速されます。

以前、読者の方に「年収1000万円以上を稼ぐコツは、なんですか？」と聞かれたことがあります。そのときの私の答えはこうです。

「それを、難しいと思わないこと」

難しいと思うから、できないのです。

ビューティリアのスタッフである榊原恵理（通称えりちゃん）は、最初に私のオフィスで開催したセミナーに参加したとき、パートで月10万円ちょっとを稼ぐシングルマザーでした。「好きなことで、本当にもっと豊かになれるのかな」と思いながらも、当時はまだ3〜4人で開催していた私の「好きなこと起業セミナー」に参加してくれたのです。

彼女は、「30万円くらい稼げたら夢のよう」と私に言いました。私は「30万円稼ぐことは可能だよ！」と答えました。そのとき、えりちゃんの思考は「本当に!?　そんなことできるの？　でも、やれるならやってみたい！」と変わったそうです。

そして、いま彼女は、パート時代の10倍を稼ぐ月もあるほど、豊かになりました。

あのとき、えりちゃんが「そんなの無理だよ」と私の言うことを信じなかったら、もしかしたらいまでも月10万円ちょっとのパートを続けていたのかもしれません。

もちろん、それが悪いということではありません。

でも、もし、あなたがもっと豊かになりたいと思っているのなら、いますぐ意識を切り替えて、新しい一歩を踏み出す選択もあるということです。


彼女だって、最初からすぐに何十万円を稼げるようになったのではありません。「お客さんがなかなか来ません」と相談を受けたこともあります。

そんな時も彼女は一つひとつ誠実に実行していました。そしていま、好きな仕事をして息子さんやパートナーと一緒に旅行をしたり、美味しいものを食べに行ったりできる、豊かで自由で楽しい毎日を送っています。

これは、夢物語ではありません。現実です。
でも、魔法があるわけではなく、覚悟が必要です。

自分の意識を変えることが必要なのです。

「本当に、絶対に、儲かりますか？」
それは、わかりません。毎月決まったお給料がもらえる会社員のときよりも、収入が減ってしまうことだって、ないわけではありません。だって「安定」を手放すのですから。

でも、あなたは「自由」を手に入れられます。
そして、その「自由」の中で自分の人生を本気で楽しむ。
そうすることで、「安定」を見つけることだってできるのです。

そう、あなたの意識しだい♥

お金は「幸せのチケット」と心得る

お金を使うときって、ついつい「もったいないな〜」と、罪の意識にさいなまれてしまったりしませんか？　でも、たとえばお気に入りのお財布を使えるという「ウキウキ」な気持ちになるだけで、そのネガティブな気持が軽くなって、金運アップにつながることだってあるのです!!

「お金」とは「幸せと交換できる特別なチケット」です。
たとえば電気代の請求書がくると、「また、電気の支払いがきたー。払うのやだな〜」なんて思いますよね？　でも、その電気を買うのは、暗い夜でも明るい部屋で過ごせる幸せがほしいから。寒い日でも、暖房のきいた暖かい部屋で過ごせる幸せがほしいからですよね。

なのにお金を払うときは、「もったいない」というネガティブなエネルギーで交換するなんて……。そんな気持ちだと、せっかくの幸せが半減してしまいます。

だから、お金を払うときは、「幸せと交換できて嬉しい♡」という気持ちでいてください。そうすると、お金を使うことが「心が満たされること」に変わっていきます。

世の中にはお金を使うことを「悪いこと」のように思っている人がとても多いようです。だから、払うときに罪悪感を持ったり、「もったいない」と思ったりしてしまうんですよね。「幸せ」と交換しているのに！

「満たされることにお金を使う」というマインドが自分自身にセットされると、お金を使うことも上手になります。上手に使えない人は、お金を使っても使っても、心が満たされないから、散財してしまうわけです。

ちゃんと「幸せ」を感じて満たされることで、お金を使うこと自体が上手になって、循環がよくなり、よって豊かになる♡というスパイラルが生まれるのです。

まずは自分が「幸せ」と感じるものごと、満たされるものごとを、ちゃんと知ることがとっても大事! 自分の「幸せ」をわかっていないと、お金という「チケット」を上手に使えないのです。

だって、「幸せ」をあまり感じないものに、なんとなくお金を使っても、自分の心は満たされず、またなんとなく使って……の繰り返しになってしまうから。


先日、骨董品を鑑定するテレビ番組に、何千万円も絵画に使っている方が出ていて、ほしい絵があると借金までして購入すると言っていました。

そのとき私が感じたのは、「この方は、自分が幸せを感じるものごとをちゃんと知っているんだな。そして、満たされていて幸せなんだろうな」ということ。

だって、とっても満足げな様子だったから。


人それぞれ、「幸せ」と感じることは違います。だから、お金の使い道が違って当然なのです。まわりから「そんなのもったいない!」と言われることを気にしすぎるのはよくありません。

お金の使い方が上手になると、お金を「いただくこと」に対する罪悪感が減り、一気に循環がよくなります。

だって、お金は「幸せと交換するチケット」。それを「いただけた」ということは、自分は、相手を幸せにしたということなのです。

金銭の授受は、エネルギーの交換です。お金を「使う」ことも「いただくこと」も幸せの交換なのだと考えましょう。

自分の幸せを
見極める

↓

自分の「幸せ」に
「お金」という
チケットを使う

↓

チケットの循環が
よくなる

「全部自分がやらなきゃ！」から卒業しよう

「すべて、自分がやらなきゃ！」と思いがちな、真面目な私たち。でも、私はそんな真面目ちゃんをやめてから、どんどんものごとがうまく運ぶようになりました。

以前の私は、ちゃんとやらないと評価されないと思っていたし、「できる人」であることが大事だと思っていました。

だから、何かできないとへこんでいました。できないことはできないでいいのに、ほかにできることがあるのに、できないと自分がダメ人間であるような気がしてくる。

これって、学校での教育でもそうだと思うのです。たとえば図工だけはできるけど、ほかの科目が苦手な子はあまり評価されなくて、なんでも万遍なくできるほうが「優秀な子」とされていたように思います。

いつか、学校の通知表も、その子の得意なことがわかるシートみたいなものになればいいなと思います。「これはダメだから、もっとがんばりましょう」じゃなくて、「こっちの得意な科目に、もっと力をそそぐといいですよ」というようなことを書いてもらえるものに。

少し話が逸れてしまいましたが、こういった教育の価値観の中で育ってきた私たちは、できないことが一つあっただけで、「私、ダメなのかも……」と思ってしまいがちですよね。

でも、できないことがあっても、ダメなところがあっても、それでいいのです。社会に出ればまったく問題ないのです。苦手なところは誰かに教えてもらったり、人に任せてやってもらったりすればいいのですから。

私はビジネスは好きですが、家事があまり好きではありません。だから、予定が立て込むと部屋が散らかる……。予定がなかったとしても、家事を喜んでできるかといったら、「ん〜、しょうがないからやろうかな」という感じ。

なので1章でもお話ししたように、家事代行サービスをお願いすることにしました。

そうしたら部屋はピカピカになるし、物が整理されているから仕事ははかどるし、プロってやっぱりすごくて、自分がやるより家が本当に綺麗になります。

そうすると、嫌いな家事なのに、なぜか私もやる気がわいてきちゃって。プロの方のてきぱきとした家事の仕方を真似して、ご飯をつくったり、掃除をしてみたり……と、気持ちも行動も、ものすごくいい方向に動いていったのです！


こういうことって、身のまわりにはたくさんありますよね。仕事でもなんでも「これはイヤだな〜、上手にできないな〜」と思っていることは、思い切って他の人にお願いしてみることを、ぜひおすすめします。

もちろんその分、「うまくやってくれるかな」と心配になったり、プロに頼むならお金もかかるのですが、その金額を上まわる幸せやいいことが返ってくるので、「幸せのチケット交換」の視点で考えると、とても理にかなっているのです。

自分の力には限界があります。
だけど苦手なことを他の人にゆだねると、
自分の実力以上の成果や、
思いもかけないミラクルが起こりやすいんです。

自分の心が満たされるもの。
それは安いものでもたくさんあるし、
形のないものにもありますよね。

自分が何に心満たされるのかに気づけば、
「お金＝幸せのチケット」と交換することで、
毎日がもっと楽しく、幸せになるのです。

WEALTHY

お金の循環がよくなるお財布のセットアップ

以前、本の中で紹介した愛用のお財布は、エルメスの「ベアン」。かなり気に入っていて、3年も使っていました。それまでは2年も経たずに変えていたのに、ほかのものを新しく買って使っても、「やっぱりベアン♡」とすぐに戻ってしまうのでした。

でも、今年の春から使い始めているのが、同じくエルメスの赤い「ドゴン」。久しぶりの新たなお気に入りで、ベアンにはしばらくお休みしてもらえそうな予感です。

私は、「お財布は、お気に入りのものが断然いい！」と思っています。

赤いお財布がダメとか、黒いお財布がいいとかいろいろ聞くけれど、やっぱり自分が「好き♡」と思えるものが一番いいのです。手に取ったときのウキウキ感だけでなく、それを使っている場面を想像するとワクワクしてくる……そんな気持ちを大切にしたいと思っています。

そして、もう一つの信条。

新しいお財布を買ったときは、まず入れられるだけの一万円札を入れて、たくさんお金が入っているのをお財布に記憶させるようにしています。10年くらい前に本で読んで以来、欠かさずに行っている習慣です。

何度もやっているうちに、わかったことがあります。それは、どのお財布も60万円くらいが限界で、それ以上入れると、ファスナーやボタンが壊れそうになるということ。なので、ほどほどに……。記憶させるのは、だいたい1週間くらいかな。

もしかしたら、ちゃんとした決まりがあるのかもしれないけれど、私はお財布を買ったら、すぐにお札を入れて、そのまま「このお財布を使うといい日」(暦の「一粒万倍日」「寅の日」など)まで寝かせておきます。

それも何か根拠があるわけではないけれど、気分的に……です。この方法で、私の収入は一応、上がり続けているので、効果があるのかも！

ぜひ、試しにやってみてくださいね。

「赤いお財布は金運を下げる」というジンクスよりも、自分の「お気に入り」を優先。赤はバッグの中でも見つけやすくてとってもいい♡

work

自由にワガママに、
まずは自分の未来を思い描くところから♡

理想の未来を描いてみよう。
どんな毎日だったら最高？どんな人生を歩みたい？

あなにととっての豊かさ・成功の定義とは？

理想の一日（平日用と休日用）をつくってみよう♡

あなたのお気に入りのワーキングスペースを考えてみよう

自宅のリビング
駅の前のカフェ
など、
お気に入りの場所を
チョイス♡

chapter

3

MY STAGE

ワークライフスタイルは自分でつくる

chapter

3

毎日、目覚ましをかけずに起きること。

朝、紅茶を飲みながら窓の外を見て、
「今日は何をしようかな」と考えること。

この前買ったワンピースを着て、
私だけの「今日のオフィス」に出かけること。

昔の理想は、
いまの私の当たり前。

まずは、できるところから、
当たり前にしていこう。

私のワークライフスタイルは、私がつくる。

うまくいく人は、
自分を常に心地よい状態でいさせられる人
ということを聞いたことがあります。
それは、うまくいく人ほど、
自分の「心地よさ」を知っているということなんです。
「こんな毎日いやだな」「理想の未来のために、いまは我慢しよう」
と思っていると、なかなかうまくいかないということ。
いますぐに、心地よい場所に身を置くことが、
早くうまくいく秘訣なのです。

それには自分の「好き」で身のまわりを固めること。
考え方もそうですが、物理的なスタイルも、
「私らしい成功」にとっても大事なのです。

3章、4章では、
私のそんな日常のスタイルをシェアさせてください。
これは私の「心地よさ」と「好き」を詰め込んだスタイルなので、
みなさんにあてはまるかはわかりませんが、
こうやってスタイルを見つけていけばいいんだ♡
という参考にしていただけたら嬉しいです。

リンゴマークのパソコンは私の相棒

「どこでもマイオフィスにする！」がモットーの私。いつも持ち歩いている「仕事の7種の神器」は――ノートパソコン、モバイルWi-Fi、スマートフォン、手帳、ノート、ペン、腕時計。これらがあれば、世界中いつでもどこでも、その空間が私だけの「マイオフィス」になります。

この中で、私はノートパソコンが特に好きです。だって、気軽に持ち歩けて、自分の思っていること、気づいたことを打ち込むだけで、世界中の人に思いを届けられる。それに、気になっている言葉、知りたい言葉を打ち込むだけで、自分が知らない世界を一瞬にして見せてくれるんですから。

そんな夢の相棒、ノートパソコンは、私の仕事に欠かせないツールです。

いま使っているのはＡｐｐｌｅのＭａｃ。なかでも一番薄くて軽いＭａｃＢｏｏｋで、色はゴールドです。機能が削ぎ落としてあって、ＵＳＢの差し込み口さえない。なので実用性はちょっと低いのですが、私のように、いろんなところに持ち歩きたい人、オフィスがころころと変わる人には、この軽さと薄さは魅力です。

家には、もう少しハイスペックで重厚感のあるＭａｃＢｏｏｋ Ｐｒｏもあります。こちらは、講座の資料をつくったり、データを編集したりするときに使っています。でも、いまはほとんど薄いほうのパソコンばかり使っているので、それほど出番はなく、私のように原稿を書いたりＳＮＳをするくらいだと、小さなパソコンだけでも事足りてしまうのです。

Ｍａｃのノートパソコンを使うようになったきっかけは、あるクライアントさんとの個人セッション中のことでした。スターバックスでお互いに自分のパソコンを持ち寄ってセッションしていたんです。ネット回線は２人とも、スターバックスのＦｒｅｅ Ｗｉ-Ｆｉを使っていました。

そのとき私が使っていたのは、買って1年くらいのWindowsのノートパソコンだったのですが、クライアントさんのMacとは、同じサイトを開くときの速度が驚くほど違っていたのです。

「同じWi-Fiを使っているのに、この差は何!? Macに変えたら、作業効率がものすごく上がるんじゃない?」。そう思った私は、家に帰ってすぐにAppleのホームページから当時の一番薄くて軽いモデルの13インチを購入したのでした。

「7種の神器」は、パソコンだけでなく、手帳も、ペンも、ノートも、作業効率がワクワクするほど上がってしまう、そんなアイテムを揃えたいと思っています。

これを持っているだけで、なんだか仕事ができる気がする♡

仕事のツールを揃える理由は、そんな不純な動機でいいと思うのです。

リンゴマークのパソコンを開いて、カフェで仕事をするのは、なんだかかっこいい。SATCのキャリーみたい。そんな自分にちょっとだけ酔いしれながら、今日も私は楽しく仕事をしています。

My Work Goods

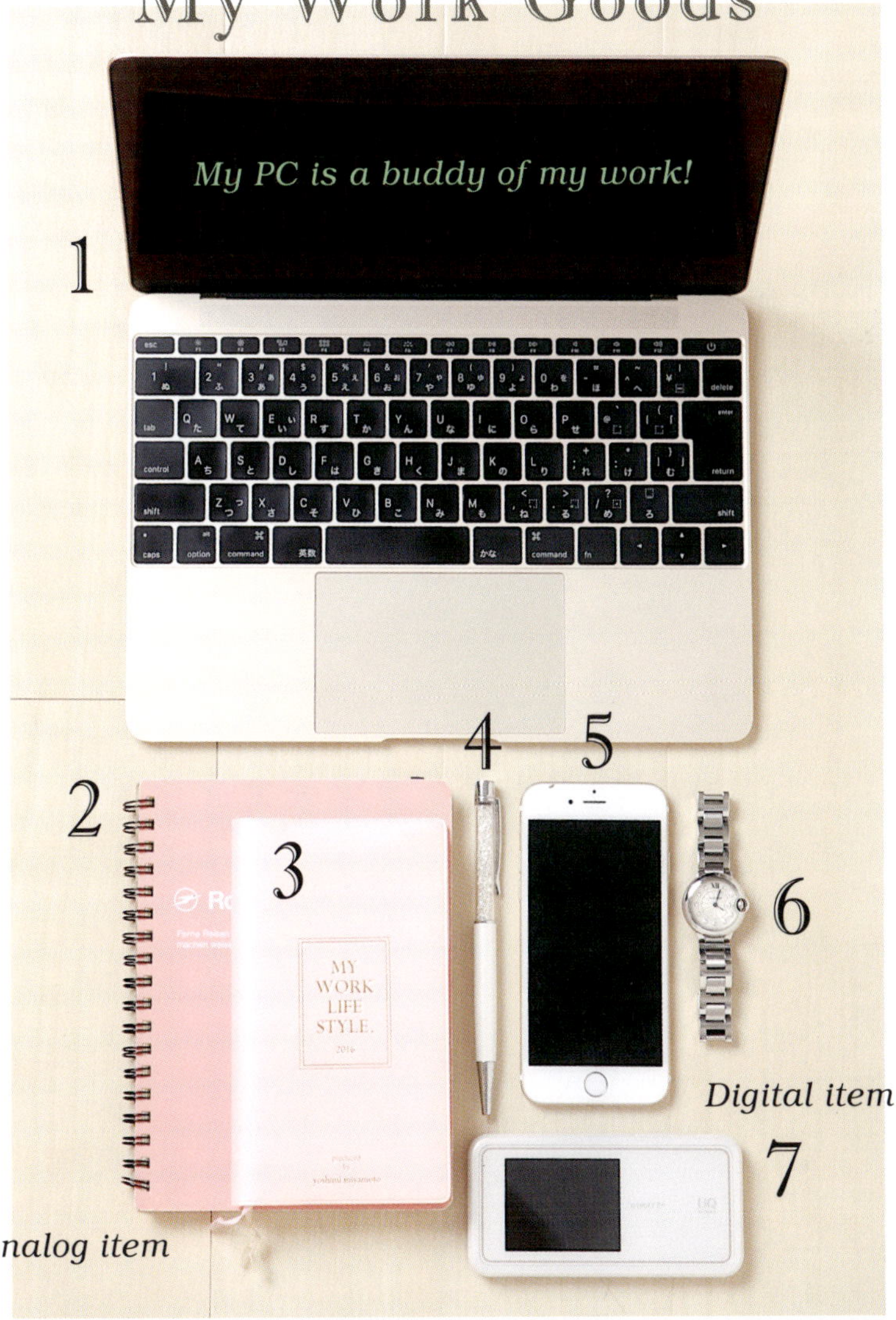

この7種の神器があれば、カフェ、新幹線、飛行機、ホテル、どこでもマイオフィスに。「デジタルとアナログをバランス良く」が、いまの私のワークスタイル。思いついたときにすぐ書けて、ふとしたときに見返せるのがアナログアイテムのいいところ。1／MacBook　2／ノート　3／コンパクトな手帳　4／フリクションペン　5／iPhone　6／腕時計（P124参照）　7／モバイルWi-Fi

MY STAGE

私の仕事のスタイル――デスクワーク

私にとって、パソコンを広げてブログを書いたり本を書いたりすることは、友だちにメールを打つ、手紙を書くことと同じようなもの。私の生活の一部で、プライベートでもあり仕事でもあるんです。

よく、仕事のリフレッシュ法を聞かれることがあるのですが、仕事をしている感覚がないので、リフレッシュ法がわからないくらいです。

私は毎日、ブログを更新しています。友だちと一緒にいるときや旅行先でも、別の友だち同士が話している最中などに、ちょこちょこっとスマホから投稿する……そんな感じ。まさに、友だちにメールしている感覚です。

その日に思いついたことや感じたことを、頭の中でまとめておいて、それがまとまったら、ささっと書く。そういうスタイル。

ブログがすぐには書けないこともありますが、そんな時は、タイトルになりそうなエッセンスだけをスマホかノートにメモしておいて、あとでメモのストックからその日の自分に合うネタを選んで書いています。

自分のライフスタイルの中に、ブログや本を書くことが息づいているから、あまり「働いている！」という感じがしません。月5日くらいしか働かないと言っていますが、実は365日、働きづめとも言えるかも（笑）。

でも、「好き」なことを仕事にすることって、そういうことだと思います、好きだから気がつかないけれど、オンとオフの境目が限りなくなくなる。そう、「私」であることが仕事になるのです。

スポーツ選手は、オフシーズンで海外旅行に行っているときだって、ホテルのジムでトレーニングしたりするでしょ？　それが当たり前で、「やらない」という選択肢そのものがないのです。

私はこの働き方が心地いい。誰かから見たら、ものすごくストイックかもしれません。でも、私にとっては究極の自由なのです。

仕事をする環境を自分でつくるようになったいま、「やる気がわいてきた！」と思えるような環境にすることがとっても大事だなと思います。だから、デスクまわりは、常に自分の「好き」と「心地よさ」でいっぱいにしておくことが私のワークスタイル。

79ページの写真は東京の家のデスクを撮ったものです。白い机の上に、ゴールドのパソコン、そしてピンクや白の小物があるこの色味が大好き。みなさんにも、好きな色合いってありますよね？　それをあちこちに散りばめておくと、目に入るたびに「ウキッ」っとして、生活に張りが出るのでおすすめです。

デスクに欠かせないのは、80ページで紹介した「7種の神器」の他に、思いついたことをささっとメモできるメモパッドや、書類をまとめるクリップ、事業計画を考えるときに欠かせない計算機がスタメンです。眺めるだけでやる気のわいてくる本たちも、置いておくことを忘れずに。

「もっと仕事っぽく！」するのも良いと思うのですが、私のワークスタイルはあくまでも、自分の暮らしの中（ライフスタイル）に、自然に馴染むものであってほしいと思っているんです。仕事はもちろん楽しくて大好きだけど、リアルな生活ものすごく大事。それをないがしろにしないように、仕事を楽しんでいたいなと思うのです。

そうやって、自分の理想のワークスタイルをイメージすると、デスクも私らしいものに自然とできあがっていきました。デスクってね、その人のワークスタイルを現すと思うのです。目の前にタスクがたくさんあるほうが充実感を感じる人もいれば、何台もパソコンを置いて自分のデスクから世界の経済とリアルタイムにつながっている人、パソコンなんて置かずに白い紙とペンで自由に絵を描く人もいる……。

あなたのワークスタイルはどんなものでしょうか？

あなたの「好き」と「心地よさ」があふれる、
とっておきのデスクをつくってってください。
きっとそれがあなたのワークスタイルの象徴になるはずだから。

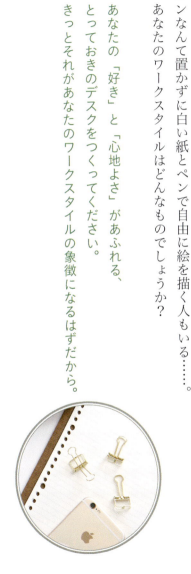

MY STAGE

私の仕事のスタイル――セミナー

起業して最初のパーソナルスタイリストの仕事では、基本的には一人のクライアントに付いて、マンツーマンでファッションのアドバイスをしていました。人数が多いときも、せいぜい10名くらいのお茶会やセミナーをたまに開いたりするくらいです。

ワークライフスタイリストとなり、働き方のアドバイスをするようになっても、最初のうちは「個人セッション」という1対1の形でアドバイスをすることがほとんどでした。少しずつ講座やセミナーを開催するようにもなりましたが、それでもはじめは自分のオフィスで開いていたので、受講者も数人。人が集まらなくて、受講者が一人というときも……。

そうやって数年間、個人セッションと、受講者が数人のセミナーや講座をたくさん開催していく中で、「もっと大勢の前で話してみたい！」と思い立ち、40人のセミナーを開催してみたのです。

やってみたら、それがすごく楽しくて。私は1対1で「教える」より、たくさんの人と「シェアする」やり方がやっぱり好きだ！　そう実感したのです。

本を出版したことも手伝って、いまでは数百人の方を相手にお話しをする、大型のセミナーを開催させてもらえるようになっています。

年に数回実施する大型セミナーは、私にとっては本当に特別なもの。1冊目の本を出版して各地でセミナーを開いたときは、「歌手にとってのコンサートみたいなものだな」って感じました。

私にとっての本は、歌手にたとえるとCDのアルバムなんです。強いて言うならブログはシングルCD、「セミナーツアー」は、新しいアルバムを引っさげて歌手が行うコンサートツアーのようなもの。私も新刊を出すタイミングで、セミナーツアーをさせてもらっています。

Seminar

セミナーでは、たくさんの人にお会いできて、いつもパワーをいただいています。

歌手がツアーのセットリストについて、考え抜いて決めているように、私もその日のために、伝えたい内容をしっかりと体系立ててコンテンツ化していくし、衣装にもこだわります（P104参照）。

本では著しきれないエネルギーや世界観といったものを、みなさんに伝えられたらいいなと、いつも思っているからです。だから、いまの私にとって「セミナーツアー」は、なくてはならないワークスタイルの一つなのです。

MY STAGE

手帳の使い方は自分流に編み出せばいい

「手帳」というアイテムが昔から好きで、どうやってスケジュール管理するといいのか試行錯誤するのも、楽しみの一つです。

どんな手帳が使いやすいか、どうやって書いたら間違いなくわかりやすい予定表がつくれるかを、試しながら手帳を使ってきました。


20代半ばの司会者時代からずっと使っていたのが、見開きで1週間の予定が見られる「バーチカルタイプ」。これは時間でスケジュールが管理できるので、忙しい人には便利！

当時、私は毎週たくさんの司会の仕事や打ち合わせ、それ以外の仕事もいっぱいあったので、このバーチカルを使いこなしていました。

一つの予定を四角で囲むと時間分の大きさのマスができるので、その形でもスケジュールを覚えられるので気に入っていました。

そんな私が、いまどんな手帳でスケジュールを管理しているのかというと、見開きで1カ月の予定が見られる「マンスリータイプ」です。

今年、オリジナル手帳をつくったのですが、その時まわりの人に、どうやってスケジュール管理しているのか聞いて回ったんです。

そうしたら、多くの人がマンスリーで予定管理をしていて、普通の手帳には「マンスリーページ」と「バーチカルページ」の両方があることが多いけれど、バーチカルページは持て余しているということでした。たしかに、そんなに予定が多くなければ、1カ月の予定を一度に把握できたほうが見やすいですよね。

それを聞くまでは、まだ昔の名残で、バーチカルで予定を管理していた私。手帳を開くと、1週間の見開きページに「美容院」と、頭でも覚えられそうな予定が一つ書いてあるだけということも多かったので、「私もマンスリーで管理することにしてみよう」と思い立ち、いまに至ります。私はゆるーく予定を組みたいほうなので、マンスリー管理はとっても向いています。

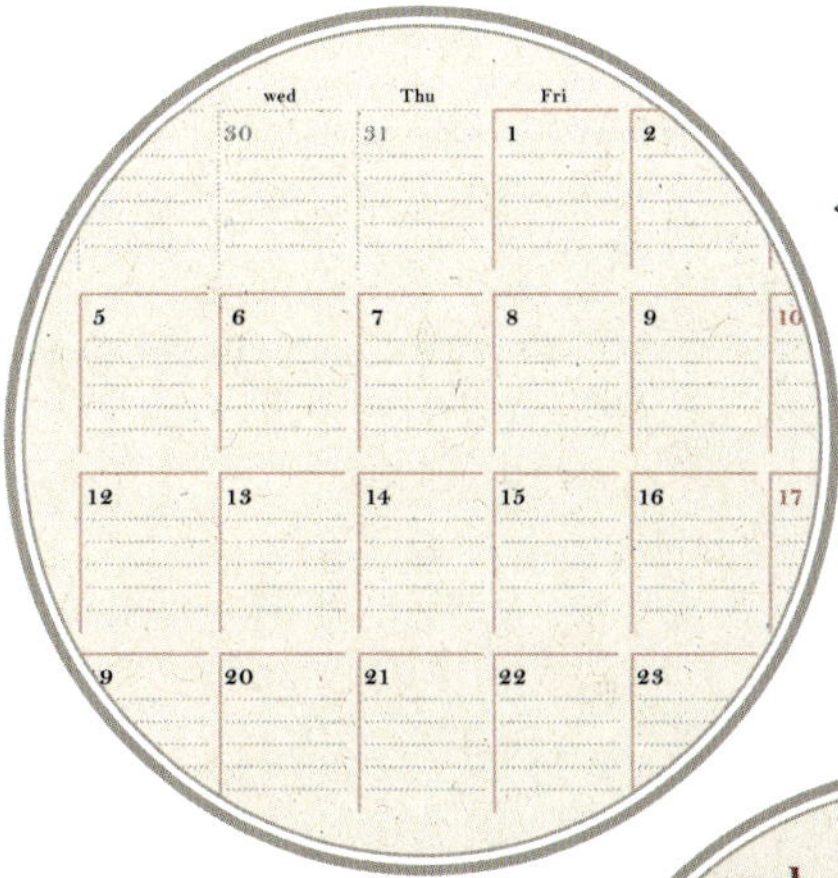

ゆるふわ派

「1日1マス」で区切られたマンスリータイプは、予定の少ない「ゆるふわ派」におすすめ。1カ月の予定を俯かんで確認できます。

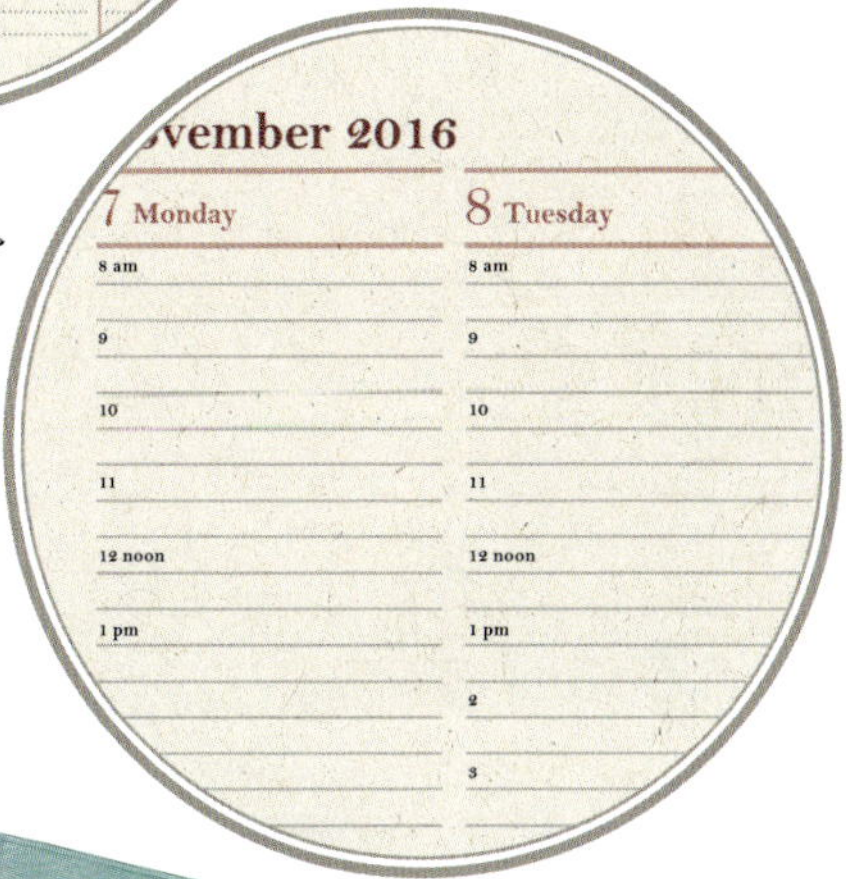

しっかり派

時間ごとのスケジュール管理に適したバーチカルタイプは、会議や打ち合わせの多い人におすすめ。1週間を時間軸で見渡すことができます。

手帳好きが高じて、2016年からオリジナル手帳をデザイン。2017年版はピンクとブルーの2色展開♡

音楽でテンションをコントロール

ここでは、仕事中に流す音楽についてお話ししたいと思います。

デスクワークが多い私は、メール返信などの簡単な事務作業の時には、パソコンから音楽を流していることがよくあります。YouTubeでボサノバやクラシックなどを探すと、「勉強・仕事用クラシック集」といったものがたくさんあるので、それを適当に選んでかけながらデスクワークをしています。

本の原稿などを集中して執筆する時は、無音が多いかもしれません。最初は音楽をかけていたり、テレビがついていたりしても、気持ちにスイッチが入ったところで、消してしまいます。

セミナーや講演など大勢の前で話す時は、事前にテンションの上がる曲をiPodで聴くようにしています。曲はテイラー・スウィフトや西野カナさんなど、女性シンガーの明るいナンバー。

女性の高い声と元気な曲調に、「よし、やるぞ！」という気持ちも集中力もアップ。

音楽はその場を、たちまちいい雰囲気にしてくれるところも好きですね。カフェ風の音楽や、ハワイ風の音楽は、聴いているだけで、そこにいるような気分に。だから日常の中で上手に使って、気分を上げるようにしています。

ぜひみなさんも、「朝、食事をしながらクラシックをかけて、優雅な気持ちになろ〜」とか、「ベランダで本を読みながら、ボサノバをかけちゃお〜」といった感じで、試してみてください。

お気に入りの音楽がきっと、
「いつもの日常」を、もっと
有意義なものにしてくれます。

MY STAGE

素敵スタイルは映像からもインスパイアされる

映画やドラマを見るなら、素敵なスタイルで働いている女性のストーリーをセレクトします。なんだか、やる気のわかない時は、部屋でDVDをセットして、紅茶を入れてソファへ。特に好きなのは、もちろん「セックス・アンド・ザ・シティ」。映画は「マイ・インターン」や「プラダを着た悪魔」など。

映像の中のキラキラとした女性の姿に触発されると「私も、仕事するぞ」とムクムクやる気がわいてくる。そんなふうに自分で自分をやる気にさせて、この気ままなワークスタイルを楽しんでいます。

chapter

4

BEAUTY

「ウキッ」と軽やかに女性らしく♡

chapter

4

年収1000万円が実現するときにはきっと、
スーツをバリッと着こなして、
重いバッグを肩から下げ、
日経新聞を片手に颯爽と歩く、
そんな「デキる女」になっていると思っていた。

でも、年収1000万円が現実になったいまも私は、
お気に入りのワンピースやヒールの靴を身につけて
小さなバッグを腕にかけ、
歩く速度も昔と変わらず遅いまま――。

世間一般の常識にとらわれずに、
自分の心地よさと好きを追求していたら、
自然にこのスタイルができあがっていた。
誰かと比べるんじゃなくて、
自分の中の幸せと豊かさを♡

あなたはどんなスタイルで、
理想の人生を生きますか？

バッグから理想のワークスタイルを

「仕事ができる人」＝「バリッとスーツを着こなして、書類とパソコンが入る大きなバッグを肩から下げて颯爽と歩く人」というイメージを持っていた私。

でも、私が本当に「なりたいな♡」と思う女性は、可愛いワンピースを着て、ピンヒールを履き、小さめのバッグを腕にかけて上品に歩く人だったのです。


そんな女性に憧れた私が、理想のバッグとして行き着いた答えは——小さめで、腕にかけられるサイズだけど、パソコンがすっぽり入る♡でした。

そんな思いをかなえてくれたのが、セリーヌのバッグ「ラゲージ マイクロ」。形もサイズも本当に気に入っています。

そして今年、夏用に購入したのはプラダのかごバッグ。これもパソコンがすっぽり入る小さめサイズです。

まさかこんなに可愛いバッグにパソコンが入っているなんて、誰も思わないでしょ？

そんなバッグからパソコンをさっと取り出して、優雅に仕事をするスタイルがいいなと思っています。

もちろん、バリッとスーツを着て、大きめのエディターズバッグに書類とパソコンを入れて颯爽と歩くキャリアウーマンもとっても素敵。

要は、自分がどちらに憧れて、どちらになりたいのかということなのです。それが明確になれば、あとはどちらを選ぶかだけ♡

小さめのバッグを好む私は、必然的に持ちものが少なくなります。お財布、スマホ、手帳、薄いノート、ハンカチ、ファンデーション、口紅、リップクリームと、ほとんどいつも一緒。

仕事をするときは、それにパソコンをプラス。

バッグに入らない場合は脇に抱えて出発！

という感じです。

必要最小限のメイク道具はこのポーチに！
最近のお気に入りはHERMÈSのボリードポーチ♡

私はまわりの人から「荷物が少ないね」と言われることが多いのですが、確かにそうかもしれません。

心配であれもこれもと入れていくと、バッグって、すぐに膨れて重たくなってしまいますよね。だからこそ、「本当に必要なもの」を厳選して持ち歩きたい。

この「本当に必要なもの」を選び抜く力って、ものすごく大事だと思っているんです。厳選力を身につけると、仕事や人生で判断に困ったときなど、さまざまな場面でベストの判断ができるようになります。

そういうことって、やっぱり練習が必要。だからこそ、バッグの中身であっても「本当に必要なもの」を選ぶ力、厳選力を身につけちゃいましょ♡

いまのあなたは、一番必要な「バッグの中身」を選べているでしょうか。

この積み重ねが、あなた自身の厳選力を養う力につながっていくはずです。

What is inside of your bag?

Lovely Key case!

My Mobile phone!

My Daily bag

CÉLINE
LUGGAGE MICRO

セリーヌの「ラゲージ」が大好きすぎて
もう少し小さい「ラゲージ ナノ」も使っています

洋服で理想のイメージになりきってみる

90ページでもお話したように、セミナーでは洋服にもこだわります。本やブログで私のことを知ってセミナーに来てくれた方々に、「実際に会ったら、イメージと違った」と思われないように、そして一貫したイメージを持ってもらうために、着るものにもかなりこだわって、みなさんの前に立つようにしています。

洋服はその人のイメージをつくります。人の体表面積のかなりの部分を占める洋服だからこそ、こだわることで、相手に「抱いてほしいイメージ」を伝えることができるのです。

私は10人以下のお茶会をしているころから、記念の集合写真をSNSに載せることを念頭に置いて、少し目立つ服や、やや派手な服を着るようにしていました。それは、私を知らない人がその写真を見ても、「この人が主催したお茶会なんだな」「この人は参加者ではなく、講師なんだな」と、わかってもらうためです。
たくさんの人がいても、私の顔を覚えてもらえるように意識したのです。

あなたはどんな女性になりたいですか？
その理想のあなたは、どんな洋服に身を包んでいるでしょうか？

理想の自分になりたいのなら、いますぐにそのイメージを表現するファッションで、なりきってみるべきです！

これはとっても簡単で、効果あり♡
自分のイメージは、洋服でコントロールできるのです。

P110をCheck!

BEAUTY

細いヒールで仕事中も軽やかに

私は、以前はジャケットにパンツという、いわゆる「カッコイイ女性」というファッションを好んでしていました。そんなときに気をつけていたことがあります。それは、女性らしいアイテムを身につけること。

ジャケットやパンツって、男性でも着られるアイテムですよね。だから、それだけじゃなくて、女性しか身につけられないもの、たとえばパールのネックレスとか、ヒールのパンプスとか——「カッコイイ」中にも「女性らしさ」を積極的に取り入れて楽しんでいました。

パーソナルスタイリストをしているときは、クライアントのお買い物に同行していると、「普段はヒールの靴なんて履かない」という方がすごく多かったんですね。

そういう方にこそ、ヒールの靴をぜひ履いてほしいと思っていました。でもあからさまに靴屋さんでオススメするのは抵抗があるので、洋服屋さんで服を試着してもらったあとに、その服に合うハイヒールをちょっと履いてもらうのです。

そうすると、みなさん、自分の立ち姿がものすごく変わることに驚かれます。スタイルがとてもよく見えるし、脚も綺麗に見えて、ぐっと女性らしくなるのです。

立ち方まで変わって、たたずまい全体が違ってきます。それには私も驚きました。靴を変えただけで、その人のオーラが変わってしまうんだなって。

あなたもヒールの力を借りて、
「女性らしさ」をもっと楽しんでみませんか?

ヒールのある靴に対する思いが、ただの食わず嫌いからきたものだったとするならば、ものすごくもったいない！　いまはヒールが高くても歩きやすい靴はたくさんあるし、自分の足に合ったブランド（私の場合はペリーコ）を選べば、長時間歩いていてもさほど疲れません。最初は足が痛くなるかもしれないけれど、それも慣れるか慣れないか、次第です。

私は8センチくらいのピンヒールをよく履いています。自分の立ち姿を鏡で見ながら、一番ベストな高さを選んでみてください。

ハイヒールのパンプスはデートや特別な日だけ履く、という方もいますが、それはとてももったいない！　普段こそ、女性らしくあることを楽しみましょう。

女性だから楽しめるとっておきのアイテムを身につけて、
「私」のまま、軽やかに仕事をこなしましょう♡

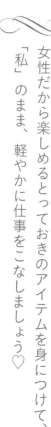

My favorite shoes

PELLICOの8cmヒール

私のオススメはヒールが細い靴。そのほうが、足が細く華奢に見えるから、だんぜん女っぷりが上がります。太いヒールは、ファッション性の高いものもあるけれど、どうしても重く見えてしまいがちなのです。上品に、軽やかに見せたいなら、細いヒール♡

Vivid

Accessories

パールネックレスは長すぎず短すぎず、自分のバランスに合う長さを。お気に入りグッズを写真に収めるときにも組み合わせると、さまになるので重宝します。

One piece

ワンピースは必ずたくさん試着して好みのシルエットかどうかチェックします。こちらはウエストが絞ってあって細く見えるのがポイント。イタリアのブランド「Blugirl」のもの。

My Coordinate SEMINAR

Pumps

大好きな「Christian Louboutin」の赤いヒール。セミナーでは気合を入れるため、ちょっと高めの10cmヒールを履くことも。

セミナーで着る衣装は、一目で講師とわかってもらえるものを選びます。目立つだけじゃなく、ブログや本を通してみなさんが想像してくださっている「私」を表す服。ここでもブランディングが軸になります。

Chic

Knit

お気に入りのブランド「ADORE」のニット。私服のトップスは基本、このグレイッシュなピンク（私色！）か、白かベージュが好きです。デイリーウエアは、似合う色より「好きな色」を買っています。

Bag

「LOEWE」の定番で長く愛用できる「アマソナ」。パソコンが入るサイズではないけれど、ちょっとしたお出かけにも、ラグジュアリーなお食事の席でも使える万能バッグ。

My Coordinate

PRIVATE

プライベートではシックなコーディネートが多いです。ボトムのボリュームが多い時は、トップスはすっきりとしたデザインを合わせて軽やかに。

Pumps

ずっと欲しいと思っていた「JIMMY CHOO」のシルバーラメ。彼が偶然香港で見つけて買ってきてくれたエピソードが、『成功への扉が次々ひらくミラクルレッスン』にも載っています。

Skirt

「Mystrada」のプリーツスカート。エレガントに揺れるロング丈が好きだけど、長すぎない膝下がマイバランス。

メイクとヘアは、イメージをいつも一定に

私には、髪型とメイクを洋服に合わせて日ごと変えるなんて器用なことはできません。

そのかわり、いまの自分がよく見える髪型やメイクはどういうものだろうと、昔から日々考えて、かなり研究してきました。


「こんな風にアイラインを引いてみたらどうだろう」

「このコテを使ったら、どんな仕上がりになるかな？」

やってみて、自分に似合い、かつ効率的に仕上がるものは、毎日のヘアメイクに取り入れていきます。


でも基本的に私は、毎日同じヘアメイク。それは仕事上、みなさんに、私の顔を覚えてもらいたいという思いからでもあります。髪型をコロコロ変えていると、みなさんに

覚えてもらいにくいでしょ？　だからこそ、みなさんの前に立つときや、SNSにあげる写真はいつも一定のイメージが届くようにしているんです。

でも、それにも注意が必要。ずっと同じヘアメイクをしていると、いつのまにか流行遅れになっていることがあるから。

服の着こなしもそうですが、最新のものを常に取り入れる必要はないけれど、その時々のトレンドというものがあるので、時代遅れにならないように心がけています。

どれだけ気に入っていても、髪型には流行があるし、いくら自分にぴったり合っていても、一昔前の髪型のままだと、一気に古臭くなってしまうのです。

たとえば、少し前に流行ったエビちゃんバングス。厚めで少し長めの前髪を流すという、当時みんながこぞってやっていた髪型ですが、いまやエビちゃんでさえやっていません。とっても可愛い髪型だけど、いまだと古臭く感じてしまうんです。トレンドは2、3年で驚くほど変わっていくので、メイクもヘアも更新が必要です。

私がオススメするのは、ファッション誌やおしゃれな人のSNSをチェックして、ちゃんとトレンド感を頭に入れておくこと。なんとなくでも「こういう雰囲気がいまの流行りなんだな」と把握しておくと、自分がトレンドからずれていくことを避けられます。

昔は職業柄、ファッション誌をたくさん買っていましたが、いまはほとんど買いません。なんといっても、重くて大きくてかさばるから……。

いまはね、とっても便利なものを見つけたので、それでチェックしています！　それは「dマガジン」。たくさんの雑誌をパソコンやスマホで一気に見られるんです。全ページは見られないけれど、流行を把握しておくには十分。これで月額400円はとってもお得！　ぜひみなさんも試してみてくださいね。

BEAUTY

髪でお仕事モードにスイッチオン

髪型はメイクより印象を左右すると言われています。男性も、メイクを変えたくらいではなかなか気がついてくれないけど、髪をバッサリ切ったら気がつきますよね。

そう、髪型は印象をがらりと変えるんです。

だからこそ、髪型にはこだわりたい。


好印象のヘアーコンディションを手に入れるには、３つのことが必要です。

1 信頼できる美容師さんとの関係

信頼できて自分のセンスをわかってくれる美容師さんを見つけて、いつもその人にお願いするようにしましょう。

クーポン券を使って、新しい美容院に行くのは、「この人！」と思う美容師さんに出会うまでの一つの手段。

おまかせできる美容師さんに出会ったら、自分の希望を伝えて、髪の状態やクセも把握しながら、毎日のスタイリングがしやすいように切ってもらいましょう。

私は、セミナーなどの仕事の予定も把握しておいてもらって、いつカットして、カラーして、トリートメントしてというふうに、予定をざっくり組んでもらうようにしています。

2 毎日のヘアケア

自分の髪質や状態をちゃんと知って、それに合ったケアを毎日すること。私の髪はパサつきやすいのですが、ヘアオイルより「ジョンマスターオーガニック」のクリーム状のトリートメントが、しっとりするのでお気に入りです。

3 セルフスタイリング力

美容院に行った日だけ素敵な髪型というのではもったいないので、自分で一番いいセットを再現できるようにしておきましょう。なにも高度な技術が必要なわけではなく、私のように軽く巻く（P118参照）とか、サラサラがいい人はストレートアイロンをかけるとか、クセ毛なら可愛く一つに結ぶとか、誰でも練習さえすればできる程度のスタイリング力をつけることです。

これはもう練習あるのみ。何回かチャレンジすることで、朝のルーティンの中に自然に入れられるようになります。

たまに、巻かずに外へ出ることもあるけれど、そういう日はなんだかすっぴんで歩いているような気持ちで落ち着かないんです。

私が髪を巻くことは、オンとオフの切り替えスイッチなのかも♡

さあ、楽しく仕事しよう、という気になるし、まわりの方に好印象も残せる。みなさんも、ぜひ、髪にこだわってみてくださいね。

♥

My must item

「ジョンマスターオーガニック」のトリートメントはほんのりバラの香り♡

"Yuru Fuwa" Hair

Lesson

私の髪はもともとストレート。だから毎日ヘアアイロンで巻いています。

巻き方はいろいろ試してきましたが、いまは全体的に内側に巻く方法に落ち着いています。

ヘアアイロンは、髪をいためにくいビューロンのもの。ぜひ参考にしてくださいね。

1 バランスを見るため、出かける服に着替えてから鏡の前へ。

2 髪全体の長さの下半分を内側に巻く。右側はざっくり5ブロックに分けて、顔に近い1ブロックの毛先をヘアアイロンに3回転ほど巻きつける。2ブロック目からは、毛先から中段くらいまでを3回転ほど巻きつける。左側も同様に。

3 サイドのハチ（頭の一番出っ張っている部分）の毛を一束とり、中段部分のみ一巻き（トップと毛先は巻かない）。これでサイドにボリュームが出るようにする。左右同様に。

4 前髪を少しとって、外側に流すように軽く巻く。左右同様に巻いたらできあがり♡

BEAUTY

スキンケアも「自分」をつくる時間

ライフスタイルもワークスタイルも、どんどんシンプルになっていっているけれど、自分が最も「シンプルになったな〜」と驚くのがスキンケア。

中学生のころから、大量のニキビに悩まされ、20代半ばまではひどい肌荒れ。どこかに私の肌をきれいにしてくれる化粧品はないのかと、いつも探し求めていました。

だから、20代前半はお給料の半分くらいを基礎化粧品に使っていたんです。洗顔してからベッドに入るまでに、顔に7種類もの化粧品を重ねている時期もありました。

そういう時期を経て、いま30代半ばですが、肌の調子も安定して、いままでで一番手抜きのケアです。

ステップはだいたい3つ。化粧水↓美容液↓クリーム。たくさんのアイテムを使っても効果はあるかもしれないけれど、私の場合、少ないアイテムの一つひとつを、じっくりゆっくり浸透させていく方法に、ものすごく効果を実感できるんです。

化粧水を手やコットンにのせて、「どんどん肌に浸透する〜」と思いながら、じっくり入れ込む感じでつける。美容液やクリームも、顔をやさしくマッサージしながら「可愛くなるなる〜」と心で唱えながら、なじませていくんです。

どういう気持ちでケアするかというのがとーっても大事！　そのほうが私はキレイになれたから♡

スッピンを自撮りしておくのもおすすめです。私はその写真を人にもすぐ見せてしまうのでびっくりされますが（笑）、鏡で見るより正確に自分の顔を把握できるんです。

以前プロの美容家の方に見てもらったところ、「もっとハーフっぽい顔立ちなんだね。それを生かしたメイクにすればいいのに」と言われたことがありました。

でも、ビジネスでも美容でも、自分の「いま」を客観的に見つめて、そこからどうしていきたいのかを考えて選ぶのは、自分次第だと思うのです。

日々のスキンケアタイムは、自分の「きれい」だけでなく、「自分自身」もつくりあげていく時間なのかもしれません。

香りでも「私」を覚えてもらえるように

香りって、すごく印象に残りますよね。
この香りであの人を思い出す、なんてこともあるほどです。
私の香りの使い方は２通り。

まずは、さほど印象にも残らないけれど
誰からも嫌われない、そんな無難な香り。
会社にお勤めで、あまり強い香りはまとえないという方にも
とってもオススメな香水、それが「ミス ディオール」。
ずっと使い続けている、私の定番です。

もう一つはいまの私の旬の香り。
これは、そのときによって変わるのだけど、
いまはフランスの香水ブランド「クリード」が出している、
「シルバーマウンテン ウォーター」。
メンズのラインなのですが、爽やかで私は大好き。
よく「どこの香りですか？　素敵」と言ってもらえるので、
女性がつけても邪魔にならず、
いい印象を与えられます。

ネイルで「ウキッ」とやる気アップ

ネイルはもう10年近く続けています。はじめた当初は少ないお給料の中からがんばってネイルサロン代を払って、手元のキレイを保っていました。

私がネイルをしているのは、「ここまできたらいつやめたらいいのかわからない……」そんな理由もあるけれど、パソコンを打つキレイな手を見るとやる気がわくし、気分がいいから。

人に見られるからキレイにしておきたいというのも、もちろんですが、自分のモチベーションを上げることにもネイルが一役買ってくれています。デザインはシンプルなのが好みだから、ワンカラーかフレンチネイル。色味は肌の色

になじむものを選んでいます。たとえば赤系であれば私の場合は朱赤。口紅もそうですが、人によって青みがかった赤が似合う人もいれば、深みのあるボルドーが似合う人もいますよね。

私はペディキュアも365日楽しんでいるのですが、他にも、可愛いスイーツや文具、ルームシューズなど「ウキッ」とするアイテムをあちこちに用意しておくんです。そうすると、なんだか気分が乗らないときも、それらが目に入るたびに「よし、がんばろ♡」って思えるから。

パソコンの横に置く小さなメモ用紙とか、何気なく使っているペンとか、毎日使うカップとか……目に入ったときに「ウキッ」とするアイテムを散りばめておこう！

BEAUTY

憧れの腕時計でクラス感をプラス

ワンランク上の女性に見られたい、そう思ったら最初に買うべきは、質のいいバッグ。毎日持ち歩けるので、コスパがいいと私は考えています。

次は高級な腕時計。一生もの、と言われる逸品は、女性のエレガントさを何十年も保ち続けてくれるお守りのように思うのです。

これまで私が購入した腕時計は2つ。1つ目はカルティエの「タンク」。2つ目は同じくカルティエの「バロン ブルー」です。四角いフォルムのタンクより、丸いほうがいまの私の気分なので、最近ではこちらばかり愛用しています。

chapter

5

BRANDING

「好き」とビジネスのつなげかた

chapter 5

新しい働き方・生き方を発信しはじめたころ、
まだ「ワークライフスタイリスト」を名乗り出す前で
自分の肩書きに悩むことがあった。
自分のやりたいことにしっくりくる肩書きが、
この世の中に存在しないもどかしさ、
それに悶々としていたのだ。

その時、友人に話したことを今でもよく覚えてる。
「私は、職業“宮本佳実”が、いい。それが一番しっくりくる！」
そんなことを、熱く語っていた。

そう、いまは「自分自身」が職業になり、
「生き方」がビジネスになる時代。
「好き」を仕事にしたいなら、
自分を知り、自分を突き詰めること。それが大事。
そして、自分の生きてきた道をしっかりと見つめること。

あなた自身に、あなたの生きてきた道に
これからのヒントも答えもすべてつまってる。
「私」自身を仕事にしよう。

ビジネスは自分の幸せと誰かの幸せ

自由になりたいから起業する。好きなことで働きたいから起業する。
それもステキなことで、その思いがきっとあなたの素晴らしい未来につながります。
でもね、もう一つの考えをバランスよくもっていないと、ビジネスはなかなかうまくいかないのです。

それは、「自分のすることが誰かを幸せにするかな?」ということ。

2章でお伝えした通り、お金は「幸せと交換できるチケット」。だとしたら、たくさんの人を幸せにすることで、たくさんのお金が自分の元へ巡ってくるのは必然ですよね。

自分の幸せと、誰かの幸せ。
これをバランスよく考えることが、ビジネスのはじめの一歩♡

どんなビジネスにも共通する、とっても大切なこと。
それは、「どんな人」に「どんな未来」を見せられるのかということ。

多くの人を幸せに！　という、ざっくりとしたことではなく、「ダイエットで悩んでいる女性」に「すっきり痩せた未来」を見せてあげる、「結婚したいと思っているアラサー女性」に「幸せな結婚ができた未来」を見せてあげるというような、具体的な未来図です。

これが、明確になればなるほど、仕事はしやすくなる。

私も「もっと自分には何かできそう！　このままじゃ人生終わりたくない……。でもどうすればいいの？」と悶々としている女性に、新しい働き方・生き方を提案し、「私にもできそう！」と思える未来を見せてあげたい。

そう決めているんです。

あなたは、どんな人に、
どんな未来を
見せてあげられますか？
これを考えられたら、もう、
あなたの新しい働き方は
始まっています。

BRANDING

「ゆるふわ」で「スルッと成功」の極意♡

自分のペースでゆるふわに生きて、そして成果も出す。なんだか「いいとこ取り」な気がしますよね。でも、私にはそんなスタイルが理想です。それには、自分なりのコツがあります。それは、集中的にエネルギーを出すということ。

「ゆるふわ」というと、すべてにエネルギーをかけずに……と思われる方も多いようですが、そうではなく、普段は「ゆるふわ」、だけどエネルギーをかけるところに集中してかける！　ということなのです。

起業当初の私の例でお話しすると、ファッションが「好き」だったので、それを仕事にすると決め、エネルギーを注ぎ込みました。

最初はやることがわからなかったから、効率的にはできませんでした。いま思えば「無駄だな」と思うこともたくさんやりました。いろんなところで名刺交換もしたし、ブログもたくさんのパターンで書いては反応を見ることの繰り返し。チラシも名刺も手づくり。ブログのカスタマイズも自分で試行錯誤。何度もつくり直しました。

でも自分のまわりのエネルギーを動かすとエネルギーがどんどん循環して（P27参照）、いろんなことが自分に流れ込んでくるし、ミラクルも起こるようになったのです。

それに慣れてくると、自分がどこにエネルギーをかければいいのかがわかってきます。

いまの私の「好き」は、新しい働き方・生き方を伝えること。そして文章を書くこと。だからそこに、ワクワクたくさんのエネルギーを注いでいます。

「好き」にエネルギーを出すというのは、「好き」に本気を出すということ。この「好き」に関しては、省エネモードを使っている場合ではありません。

好きなことをしていると、あっという間に時間が過ぎていきますよね。その要領で「好き」にエネルギーをかける。そうすると「好き」が仕事になっていくのです。

BRANDING

「好き・得意」を、伝えて教える

自分が普段考えていることや、毎日自分がなんとなくやってしまうこと。それに、誰かが共感したり、「私にもやり方を教えてほしい！」「私のかわりにやってほしい！」と言ってくれたりすることが、仕事になる時代がきました。

たとえば昔から、「伝える」仕事はありました。作家やマスコミの方、ジャーナリストなど……。でもいまは、インターネットの普及で、その仕事が身近になり、どんな人でもその仕事の面白さや楽しさを手軽に味わえるようになりました。

昔だったら、発信する場所は雑誌やテレビなどと決まっていて、自分で発信する媒体を見つけようにも、「どうやって営業したらいいの？」という壁が待ち構えていました。

でも、いまならインターネットを利用することで、自分自身が「メディア」になることができます。

だからこそ何かを「伝えたい」と思うならば、いますぐブログで、フェイスブックで、ツイッターで、インスタグラムで、思いを伝えてみればいい。

自分の考えていること、感じたことを「こうしたらもっとうまくいくよ」と、メールで友人に伝えるように発信してみればいい。

共感してくれる人が少しずつ増えて、話を聞いてみたいと思ってくれる人も出てくる――それが「好きが仕事になる」の始まりなのです。

好きなことが見つからなくても、得意なことって、誰にでもいくつかはありますよね。料理をつくること、綺麗に洋服を収納すること、メイクをすること、歌うこと……。その様子やコツを、ちょっとだけシェアしてみるのです。

ブログやSNSなら簡単に、今日から始められます。あなたの得意な料理のレシピとか、片づけのコツとか、カラオケで上手に歌う方法を知りたい人は、きっといるはずです。

そのことを発信し続けて、ちょっとずつ、みんなにわかりやすいように体系化して、誰かに教えてみる。そうすれば、そんな「得意」がいつか仕事になります。

また、誰にでもなぜだか「自然にできちゃう」ことがあります。

サプライズを仕掛けるのが恒例だとか、週末に1週間分の常備菜をつくっておくのが習慣だとか——そんなあなたのブログやSNSを見た読者が、「私の分もやってほしい！」と思ってくれるのです。

友だちの誕生日会に贈るカードに、仲間みんなの似顔絵を入れてほしいとか、還暦のお祝いでお父さんをびっくりさせるような、とっておきのサプライズを教えてほしいとか、忙しい日々の中、コンビニ弁当だけになってしまいがちだから、栄養満点の常備菜をつくってほしいとか。

そんなあなたの「自然にできちゃう」が、仕事になるのです。

SNSで誰もが簡単に起業できる

私は起業当初から、ブログだけで集客してきました。いまは、

♥ブログ
♥インスタグラム
♥フェイスブック
♥メールマガジン

を主にやっています。これだけたくさんあると、どれに何を書けばいいのかがわからなくなるくらいです。どれも長い間、試行錯誤を繰り返して仕上げていますが、いまはなんとなく一つひとつの形が定まってきた感じです。

ブログ

これは私の柱になっていて、毎日できるだけ更新しています。読者の方に、「読むと、なんか元気が出る」「やる気がわく」と思ってもらえるような内容にしたくて、自分の考え方や、筋道などをわかりやすく書くように工夫しています。

インスタグラム

写真を中心としたSNSなので、文章が苦手という方でも、発信しやすいツールです。

私は、友人と食事に行った様子など、自分のプライベートシーンや、ワークスタイルの写真などをアップします。写真のセンスが特別いいわけではないので、かなり苦戦してもいますが、私のファンでいてくれているヨシミストのみなさんともつながれるので、欠かせないものになりました。ハッシュタグ「#ヨシミスト」で、読者のみなさんが投稿してくださるので、それを見るのもとっても楽しみです♡

フェイスブック

私のような個人起業家がたくさん利用しているイメージがあり、女性起業家の方々とつながれるツールとして重宝しています。

私のフェイスブックページには、毎日、自分の本やブログから抜粋した「今日という日を彩る一言」を投稿。みなさんの素敵な毎日に役立つエッセンスになれば嬉しいです。

メールマガジン

配信が月2回程度と少ないのですが、読者のみなさんからの質問にお答えしたり、ブログよりもさらに濃い内容をお届けできるようにしています。セミナーや講座の先行ご案内もメルマガでしています。

私はブログを書いて集客してきましたが、その方法については、それぞれが自分のやりやすいようにすればいいと思っています。

チラシを配ってもいいし、
お金を出して広告を打ってもいいし、
自分で営業してもいいし、
営業代行さんにお願いしてもいいし、
営業してくれる社員やスタッフを雇ってもいいし……。

要するに、どこにエネルギーを使うのか。それだけです。

たとえば広告を出すには、「お金」というエネルギーがかかりますよね。起業当初の私は、その「お金」というエネルギーを持ち合わせていなかったので、「ブログを書く」というエネルギーを使いました。

出し惜しみせず、夢中になって、そのエネルギーをSNSに出し続けたら、とってもうまくいったのです。
「お金」というエネルギーを出せないなら、ほかのエネルギー出しちゃお♡
そんな発想です。

自分がエネルギーをまったく出していないのに、「お客様からのエネルギーは、たくさんほしい」なんていうのは、ナンセンスです。
自分のエネルギーを、ワクワク楽しくたくさん出しましょう。
そして、お客様からの「申し込み」や「お金」というエネルギーと、自分の「サービス」というエネルギーを交換するのです。

自分がエネルギーをかけやすいところ。
それを見つけて、とりあえず夢中でエネルギーを出してみましょう♡
そのエネルギーは絶対に、素敵な誰かに届くはずです！

素敵！のエッセンスを切り取ってみる♡

ブログやSNSを始めても、「何を書こう……」と迷う方もいらっしゃいますよね。

そういうときは、「日常を写真で切り取る」ということを、やってみるのはいかがですか？

それをインスタグラムにアップしてみましょう。写真がメインのSNSだし、雰囲気のいいフィルターや加工機能があるから、おしゃれなワークライフスタイルが簡単に発信しやすいんです。


ワークライフスタイルってね、24時間おしゃれである必要はない。私も、ずっとパジャマで過ごす完全オフの日や、すっぴんにメガネをかけて足早にスーパーに行く日だってもちろんあります。

でも、「ここは好き！」「ここはおしゃれ♡」というように、誰でも自分の日常の中でお気に入りの一部分があると思うから、そこにフォーカスすればいいのです。

かわいい朝ごはん、打ち合わせで入ったカフェのランチ、読んでいる本や雑誌、デスクに飾った花、お気に入りのステーショナリーやコーディネート……。

最初は、ちょっとつくりすぎてるかもって思っても、「自分のこだわりや好き」＝スタイルをどんどん発信していってください。

不思議なことに、そのバーチャルな世界のために切り取った「おしゃれ♡」「ここ好き♡」を、いつの間にかリアルな私が生きているようになるの。とっても自然に。

写真に自分の「ウキウキ」や「ワクワク」を残しておくと、そこから書きたい文章が浮かんだりすることもあるんです。

だから、まずは写真で自分のワークライフスタイルを発信してみよう。

もっとおしゃれに生きていい♡

インスタグラムにアップした写真を見ていると
自分の「好き♡」がよくわかります。

自分に迷ったら本屋さんへ行こう！

何か新しいことを始める時、仕事に行き詰まった時、恋愛に悩んだ時、私は決まって本屋さんに立ち寄っていました。

自分への答えをくれる場所、それが本屋さんであるような気がしています。

悩みがない時でも、ふらっと本屋さんに立ち寄って、自由に本を手に取ってみる。

するとそれが、いまの自分が気になっている情報や興味のあることだと発見できる。

そんなことがあるのです。

以前の私はファッション誌ばかり買っていたのに、ある日、手に持っている数冊すべてがマーケティングの本だったことがあって、「あー、いまの私は、ファッションよりも、マーケティングが好きなんだな」と気づかされました。

本屋さんは、悩みの答えをくれる場所。
いまの自分の「好き」を気づかせてくれる場所。

インターネットもいいけれど、自分で検索するのではなく、「私はこんなことに興味があったんだ！」と気づかせてくれるのは、あらゆる分野の情報を立体的に揃えた本屋さんならではだと思っています。

自分の「好き」がわからない人も、「好き」を見失ってしまった人も、今度のお休みには、ぜひ、本屋さんに立ち寄ってみてください。

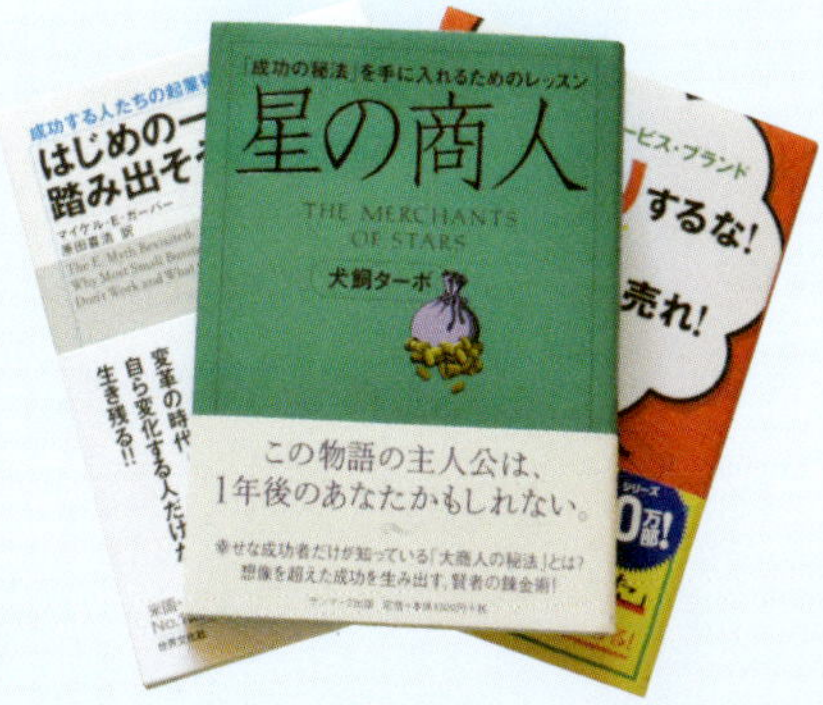

何冊もビジネス本を読んできた中で、いつも人にオススメしているのはこちら。ビジネスへの考え方の基礎をつくってくれた大切な3冊。

[左]『はじめの一歩を踏み出そう〜成功する人たちの起業術』（マイケル・E.ガーバー 著　原田喜浩 訳／世界文化社）
[中]『星の商人〜「成功の秘法」を手に入れるためのレッスン』（犬飼ターボ 著／サンマーク出版）
[右]『安売りするな！「価値」を売れ！』（藤村正宏 著／実業之日本社）

テレビで気軽にマーケティングリサーチ

素敵ライフを送っている方の中には、「テレビは見ません」と言っている方も多いようなのですが、私は普通に見ます。かなり見ます（笑）。

家にいることが多いというのもあるのですが、情報番組はもちろん、ドラマや歌番組からもいまの流行をキャッチできるので、楽しみながら情報収集しています。

司会の仕事をしていたころは、アナウンサーの話し方をいつも気にして見ていました。これにも流行があって、昔のアナウンサーは若い人でも抑揚をつけて結構はっきりと話していたのですが、いまの若いアナウンサーは柔らかい声でふんわり話す人が多い。昔のドラマを見ていてもわかるのですが、話し方にも流行があるので、お茶会やセミナーで話す時の参考にもなります。

まわりの人の話し方でもわかるのでは？　と思いがちですが、これがなかなかわからないのです。

普段、私のまわりでは名古屋弁が飛び交っていますが、まったく違和感はありません。でも、地方ロケの番組などの街頭インタビューで、名古屋の人が答えていると、名古屋弁がものすごく気になる。

そう、テレビというフィルターを通すことで客観的に見ると、たくさんの発見が得られるのです。(これは、ファッションやマーケティングに関しても同じです)

ドラマや歌番組で見るのは、いまのファッションや髪型、メイクの流行など。

CMもマーケティングの勉強にはうってつけで、「これをこうやって表現するんだ」なんて思いながら眺めています。

世間の人はいまどんなことに興味があるのかにも、目を光らせたり。

テレビでのマーケティングリサーチは、どんな人でもすぐにできるし、楽しいので、とってもオススメです!

「好き」をいろんな視点で見てみよう

ここまで「好き」や「得意」を仕事にすることについて話してきましたが、それを人に話した場合、「そんなの無理だよ」と言われることもきっとあります。確かに、そのままだと仕事にならないかもしれません。ビジネスにつなげるには、さまざまな視点から見てみることが必要だからです。

その視点とは、「ニーズ」と「マーケット」です。
たとえば私はこういう視点で見ていました。

♥自分の好き・得意……ファッションが大好きだったので、アパレルブランドを知り尽くしている。だからショッピングに同行してアドバイスできるかも！
♥ニーズ……ショッピングに行っても、迷って一枚も服を買えずに帰ってくるから、ショッピングが苦痛だという人がいた。そういう人のお手伝いがしたい！

♥マーケット……いま、こういった仕事をしている人はいるのだろうか。どれくらいの規模なのか、困っている人はどれくらいいるか、調べてみよう！

そうした中で、「パーソナルスタイリスト」という仕事をやることに決めたのです。

でも、のちにスタイリストの仕事はそれほど好きではなかったと気づきました。

だけどいまでもファッションは大好きなので、つい最近「洋服のブランドプロデュース」の仕事を手がけることにしました。そのときはこう考えました。

♥自分の好き・得意……自分の思いや考えを形にするのが得意！

♥ニーズ……毎日着られて、お茶会やセミナーでは、キラリと目立つ服がほしい。そんな女性がまわりにもいるので、ぴったりの洋服をつくろう。

♥マーケット……フォクシー、チェスティ、メゾンドリーファーなど、プロデューサーやディレクターの思いが強いブランドがとても人気がある。ブランドマーケティングやブランディングを参考にしよう。

みなさんも、「好き」や「得意」を、
いろいろな視点から考えてみてください。
どんな人がそれをほしいといってくれるのか、いま、
そのニーズはどのようなマーケットの中で動いているのか。

自分の「好き」「得意」と徹底的に向き合ったあとは、
少し離れた場所から客観的に見てみましょう。

そうすることで、
どのようなビジネスにつなげていけるのかが
浮き上がってくるのです。

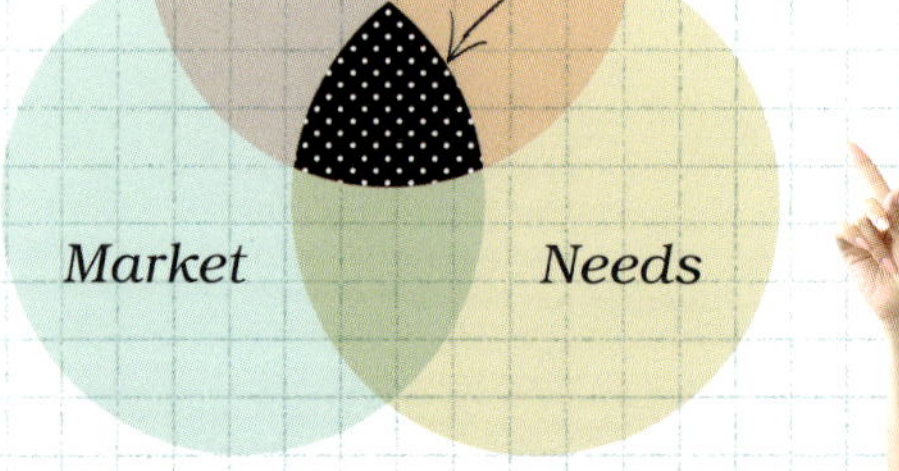

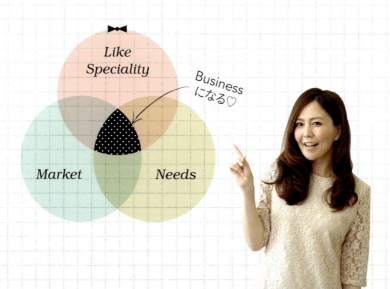

BRANDING

私「ブランディング」は伝えたい「思い」の形

私は起業してからずっと「ブランディング」にこだわってきました。

なぜ、ブランディングが必要なのか。それは、サービスやものがあふれているこの時代だからこそ、その大量の商品の中でお客様に「これがほしい」と選んでもらうことが大事だからです。

いまの日本には「生活必需品」といわれるものはすべてそろっています。では、何を商品とすれば良いのでしょう。それは自分の未来がもっと素敵になるもの、これがあったら毎日がもっと楽しくなるもの、もっと幸せになるものです。

だからこそ、「これがあったら、私の人生はもっと楽しくなるかも！　充実するかも！」と思ってもらえるように、ブランディングすることが必要だと考えています。

上手くいく♡ブランディング・トライアングル

1 私（商品・サービス）

まず、「私」というものをよく知っていることが大事。この本でも何度も伝えているように、自分が自分のことを把握することに加えて、自分がほかの人からどう見られているのかも考える必要があります。

たとえば、自分で自分にこんな質問をしてみてください。

♥色で言うと何色？
♥ファッションは？
♥どんなイメージ？

次にまわりの人にも同じ質問をしてみましょう。どんどん「私」が見えてくるはずです。

2 誰に（ターゲット）

自分の商品やサービスを「誰に」届けるのか、それをしっかりと決めていきましょう。「誰にでもいいから、とにかくたくさん売れてほしい！」では、誰にも響かない商品（サービス）になってしまうのです。「これは私に必要だ！」と思ってもらうためにも、誰に届けるのかを明確にしましょう。

ターゲットは狭く考えるほど良いとされています。そのほうがリアルにブランディングをしやすいからです。その人は何歳で、どこに住んでいて、家族構成はどんなで、仕事は何で、最近はどんなことに悩んでいて、何にはまっている人なのか……を考えてみてください。

3 見せたい未来

ここでは②でターゲットとなった人に、「どんな未来を自分は見せてあげられるのか」を考えていきます。

♥結婚願望のあるアラサーOLに、運命の人と結婚する未来を見せてあげる
♥いつもダイエットに失敗している人に、本当に痩せた未来を見せてあげる

など、具体的に考えてみるのです。届けたい人に「その未来、ほしい！」と思ってもらえるリアリティーのある未来をしっかりと考えていきましょう。

この3つをトライアングルにしたとき、自分の中の「世界観」が生まれます。

私は誰にどんな未来を見せてあげられるのか——これはビジネスにとってとても大事なことです。たとえば告知文やリーフレットをつくるときには、どんなイメージでそれをつくるのかというのを、このトライアングルを元に考えます。

まず、②の「誰に」で登場した人たちは、どんな情報に目をとめてくれるだろう、どんな媒体をよく見ているだろうということを想定してみます。この「誰に」がなくなると、やみくもに広告を出すしかなくなってしまうのです。

次に、③の「見せたい未来」を考えることで、それを「見てみたい♡」と思ってもらえるように商品を打ち出していくことが大事だとわかります。たとえば運命の人と何の問題もなく結婚できるような、幸せな未来をお客様がありありと想像できるような打ち出し方を考えることができます。

そこに①の「私」が加わります。「私」だから伝えられること、「私」だからできること。それをしっかりと伝えていく。

このブランディング・トライアングルがあれば、自分の世界観がわかり、打ち出し方がわかり、ビジネスがもっともっと楽しくなるのです。

ブランディングというと、外見を固めること、よく見せることと思う人が多いようです。もちろん「見せ方」という意味ではそうですが、外側を取りつくろうだけで終わってしまうことにもなりかねません。

Branding Triangle

私が考えるブランディングとは

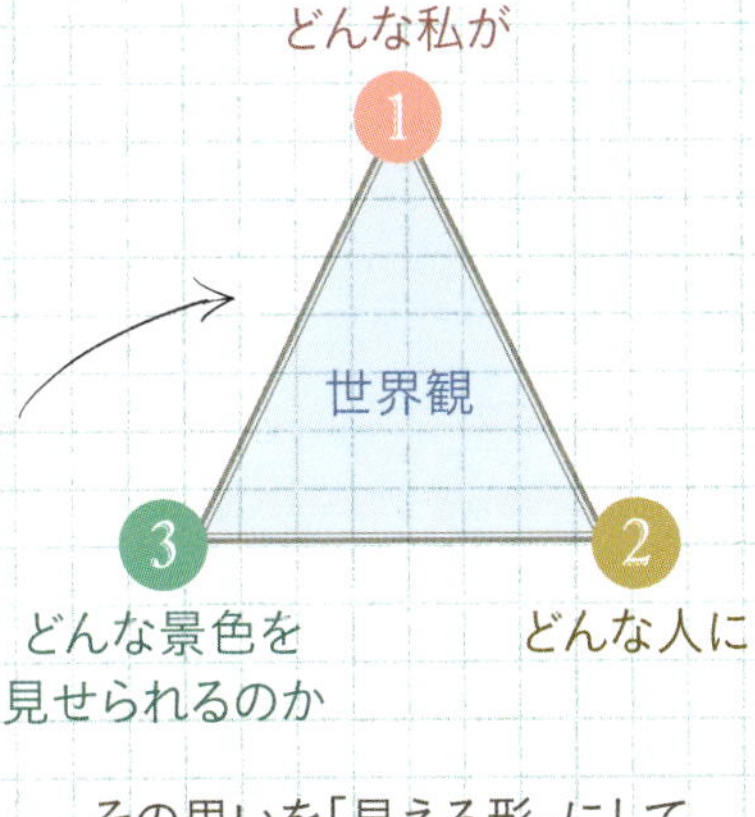

その思いを「見える形」にして、
一貫性を持たせたものです。

それに、自分のことを知ってもらえても、中身が追いついていないことがばれてしまったり、「違ったな」と思われたりすることも、なきにしもあらずです。

そこで私は、それを回避するためにはどうしたらいいかを考えて、内側からブランディングしていくことの大切さに気づきました。

自分がどう見られたいかも重要ですが、やはりそれだけでは足りないんですね。「思い」がないと、ものは売れないのです。

人は売り手の思いに感動し、共感することで、商品をほしいと思ってくれます。

そう、自分の思い、内側をしっかりとつくり、外側でブランディングして見せていくのが、とっても重要です。

また、「誰に」の部分を広げすぎてしまうと、ブランディングの焦点が定まらなくなることもあります。私の場合だったら、「ゆるふわ」がブランディングの根底にあるわけですが、やっぱりかっこいい系の人にも知ってもらいたいし……、などと欲張って、そういう人たちにもいいと思ってもらえるようなブランディングにすると、ターゲットが広すぎて、内容も浅いものになってしまいます。

ビジネスの基本は、たった一人を感動させ、幸せにすることから始まります。

多くの人にたくさんの影響を与えたいと思う気持ちは、よくわかります。でもそれも、一人ひとりを幸せにすることから始まると思うのです。そういう人が一人ずつ増えていき、自分の思いもどんどん固まっていって、「こういうことを私は伝えたいんだ」「こういう人に伝えていきたいんだ」という確認を繰り返し、確信を積み重ねていくうちに、自分のブランディングも自然に固まっていきます。

だからみなさんも、いまの自分がどんな人を幸せにできるのか、たった一人の人のことを考えることから始めてみませんか？

ブランディングとは、「私が世の中に伝えたい思い」の形。

ビジネスとは、「世の中を幸せにする社会貢献」だと私は思っています。

work

ここにあなたの「好き」や「才能」が
隠れているかも♡

やっていると、あっという間に時間が過ぎてしまう！
ということはなんですか？

自分の「すごい」を30個は書いてみよう。

美容に対する思いは
人一倍！
マンガのことなら私に聞いて！
人の話を聞くのが好き！
など、
なんでも構いません。

自分が、伝えたいこと、教えたいこと、
してあげたいことを考えてみよう

あなたの好きを多方面から観察！

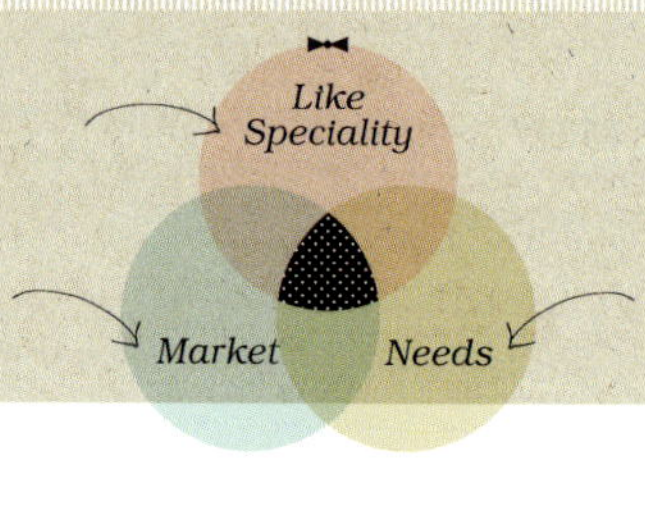

chapter

6

LIFE&TIME

人生を、もっとゆるふわに

chapter

6

余裕とか、隙とかヌケ感とか……
張りつめた感がない、しなやかな感じ。

そんな女性に憧れてきたから、
自分もそうなりたいと思っていた。

私はもともと
人と争ったり、競争したりはしないけど、
ほっとくとすぐ、がんばっちゃうし、
頭の中は常にフル回転だったりする。

だから、もっと心に余裕を。
人生に、隙間を。
私に、ヌケ感を。

女性らしさをもっともっと生かして、
愛とやわらかい情熱で、
これからも自分のワークライフスタイルを
心のままに楽しみたい。

責任を持ってわがままに生きる

「ゆるふわ起業家」――そんな風に私のことを言ってくれる方が増えました。

でもね、私の書いた本を読んでも、「この人、全然ゆるふわじゃない」って、わかる人にはわかるみたい。まわりの人からも、「ゆるふわなのは髪型だけ」と言われているほどです（笑）。


私の考え方や仕事に対する姿勢は、「ゆるふわ」とは対局のところにあるのかもしれません。では、何が「ゆるふわ」なのか。それを考えてみました。

たしかに髪型はふわふわしているけど、ほかには？　と考えたときに、生活が「ゆるふわ」だと気づきました。

本当に、自分の「好き」を基準に生活しているんです。スケジュールはたくさん埋めたくない。だって、その日にしたいことはその日にしかわからないから。予定をたくさん入れてしまうと、その日にしたいことができなくなってしまうでしょう？　だから、ゆるーく予定を立てておきたいのです。

そして、起きる時間も基本的に決めていません。目覚まし時計をかけずに、起きたいときに起きる。いまはパートナーと一緒に住んでいるので、この私の生活を受け入れてもらうまでに、相当な時間を要しました。

でもいまは、朝7時に起きると、「早いね〜、今日は偉いね！」なんて褒められたりして。そんな生活が気に入っています。

仕事に関しても、ブログしか書かない日も結構あって……。私は本を出したいと昔から思っていたので、文章を書くのは人よりだいぶ速いようです。ブログを一記事書くのに15分とかからない。だから、一日15分しか仕事をしない日もあります。

そのほかは、本を読んだり、ショッピングに行ったり、録画していたドラマを見たり。それに飽きたら仕事したり、と本当に気ままに、そう、「ゆるふわ」に生活しています。

仕事に対する考え方は、まったく「ゆるふわ」ではないけれど、毎日のワークライフスタイルがとっても「ゆるふわ」でした。それは自分の「好き」に最大限に正直に生きているからだと思います。

そう、「わがまま」に生きているんです。

自分がだらだらすることさえも選んでやっている。目覚まし時計をかけないことも、自分で選んでそうしているのです。

私が「好き」に正直に「わがまま」に生きているのは、自分で自分の人生に責任を持っているから。だらだらと「ゆるふわ」で生きているけれど、そこからどういう結果が出たとしても、自分の責任なのです。

最大限に自分を甘やかして、心地よくさせて、そして最高のパフォーマンスを発揮する。それが私のスタイルです。気持ちよく早起きをして、だらだらせずにもっとストイックに働いたほうがいいパフォーマンスを出せる人は、そっちを選んだほうがいいのです。

「ストイック」も「ゆるふわ」も、自分で選べます。私自分にとってどっちが心地よいのか、どっちがいいパフォーマンスを出せるのか。私はストイックにすると、すぐやる気がなくなるから、いい結果が出ません。だから、自分がどちらに向いているのか、それを見極めるのが大事。まずは、両方やってみて、心地よいほうを選んでみてください。

最初は、「ストイック」にしたほうが、目に見える効果が出やすいので、ご注意を。ダイエットもそうでしょう？　断食したほうがすぐに痩せられる。でも、ずっと食べずにストイックにできる人は一握り。最初は一気に体重を減らしてもいいけれど、自分のペースでベスト体重でいられるちょうどよい方法を見極めることがとっても大事です。だって人生はずっと続くから。

自分の「ちょうどよい」ワークライフスタイルをつくっていこう。
自分の人生をもっと楽しくするために♡

起きたい時が起きる時

朝、特に予定のない日は目覚まし時計をかけずに、起きたい時に起きます。朝は強くないので、目が覚めてから布団の中でボーッとして、やっとベッドから起き上がる。

DAY

今日はどんな一日にしようかな？

朝ごはんは、パンや目玉焼きの日もあるけれど、りんごとにんじんのクレンズジュースが定番。「今日はどんな一日にしようかな」と窓の外をぼんやり眺めながらゆっくり味わいます。

身支度をする前に、まずはメールチェックで朝の仕事をスタート。それがひと段落してから、お化粧をしたり着替えたりしています。

部屋着のままパソコンへ

家でゆったりマイペース

家に帰ったら、マイペースに仕事をしたりDVDを見たり、本を読んだり。その時の気分でゆったり過ごします。甘いお菓子をちょっとつまみながら……。これだけでもう幸せ♡

ゆるふわONE

最近、家の近くにお気に入りの花屋さんを見つけたんです！私の好きな花のイメージをリクエストしておいて、入荷したら電話をもらうようにしています。「行きつけの花屋さんをつくる」ってとってもいいなと、最近発見したところ。

行きつけの花屋さんへ♡

出版社の方やイベント主催者さんとの打ち合わせは、カフェでランチやお茶を兼ねることが多いかも。仕事の話はもちろん、最近の気づきとかプライベートのこととか……。話に花が咲きます。

カフェで打ち合わせ

撮影協力：(hana-naya)／www.hana-naya.jp

集中力のスイッチはどこ？

ライフスタイルが「ゆるふわ」。そんなことを書いてきましたが、私は性格も規則正しいわけではなく、かなりゆったりしています。「何時から何時まで仕事！」という決め方は絶対にしません。その日にしたい仕事をしたい分だけします。

気分がのらないときは、テレビを見たり、家事をしたり、ストレッチをしたり。場所をカフェに変えてみたり、ショッピングに出かけたり、時には寝ちゃったり……。

本当に、自分のその時の気持ちに正直に生きています。

前に、こんな質問をもらったことがあります。

「私もよしみさんと同じように、だらだらすることが好きなのに、よしみさんのように成果が出せていません。だらだらの種類が違うのでしょうか？」

だらだらの種類が違うかどうかはわかりませんが、私は自由気ままに過ごしている時間のほうが長いものの、スイッチが入るとそこだけにエネルギーが集中します。

よくまわりに言われるのは、「文章を書く」「ビジネスのことを考える」「話す」ことになると、途端にスイッチが入って顔つきが変わるね、ということ。

時間が経つことを忘れてしまうんです。執筆に関して言うと、だいたい2週間ほどで本一冊を書き上げます。それも引きこもって2週間ではなく、いつものようにゆるふわで過ごして、ドラマを見ながら本を書いて、また違うことして……。それを繰り返しながら、自分が心地よいと感じるくらいに、オンとオフを使い分けています。

これまでもお話してきたことですが、みなさんにも「これをやっていると、あっという間に時間が過ぎてしまう!」ということってありますよね。

・雑誌や本を読んでいる時
・好きな有名人のことを調べている時
・料理をしている時
・洋服をつくっている時
・興味のあることを勉強している時

ほかにもいろいろと、自分の「集中力」のスイッチを見つけましょう。好きなことを集中的にやることで、驚くほどのパフォーマンスが発揮できます。

「雑誌や本を集中して読んだからって、仕事にはならないじゃん」と思うかもしれませんが、たとえば、それを紹介するブログを書いてみるのはどうでしょうか。話すのが得意なら、YouTubeなど動画サイトで紹介するとか。

続けるうちに、読者や見てくれる人が増えて、コミュニティがつくれて、その運営が仕事になる——ということも夢ではないのです。女性がくつろげる、おしゃれなブックカフェをやるのもいいかも、とアイデアが広がったり。

「好き」をとことん追求して、たくさん集中して、時間があっという間に過ぎてしまうことをたくさんしましょう。そういう人は若くいられるらしいですよ。

「あっという間」は最高のアンチエイジング♡

LIFE&TIME

仕事はルームウエア選びから

一歩も外に出ずに家にこもって仕事する日が週に一日ぐらいあります。そんな日にモチベーションを保つには、まず着るものを可愛くするという単純なことから♡

頻繁に買うのは「ジェラートピケ」。もこもこ素材より、コットンなどさらっとした素材のものが好みです（P170参照）。それを着てダイニングテーブルやデスクでパソコンを開き、やりたいことから気ままに手をつけるのが私のスタイルです。

やることが多い時は、頭を整理するために、紙に書き出します。でも、それを上から順番にとか、大変なものからとかではなく、やる気のわくものからやるんです。

やりたいことをやっていると調子が上がってきて、大変なものも意外とスルっと取りかかれたりするのでオススメです！

そして、美味しいケーキでちょっとブレイク。「明日は一日家にいよ〜」と思うときには、美味しいケーキを買っておいて、次の日の「おうちＤＡＹ」に備えます。

仕事の合間に、お気に入りの紅茶をていねいにいれて、買っておいたケーキをいそいそと冷蔵庫から取り出し、好きなお皿にのせる♡

それだけで、なんだか仕事のモチベーションが上がるので不思議です。

さらに、仕事に飽きたらテレビもお昼寝もよしとする。テレビとお昼寝の合間に仕事をしている日もあります。「そんなのダメ!!」と、かたくなに思っていると、仕事のやる気もなくなるので、「ちょっと寝てから、また楽しくやろう♡」と思いながらお昼寝をすると、仕事の効率も上がるのです。

やる気の出ない日は
リラックスDAYに

雨の日や、前日がとっても忙しかった日は、
朝から「今日はちょっとやる気が出ないかも」
なんて思うことありますよね。そんな日は、もう思い切って
「リラックス DAY」にしちゃいましょう。

お気に入りの部屋着で、
大好きな「ハレクラニ」のパンケーキをふんわり焼きます。
それをゆーっくり味わって、そのままソファへ。
そして、撮り溜めしていたドラマとか、読みたかった本、
気になっていた動画……それらに、じっくり没頭する♡
そんな時間がアイデアや活力を生む。
きっとこれは生産性のあるリラックス DAY。

私は「余裕」という言葉が好きなんです。
リラックス DAY をつくると、
いま自分が「余裕」の中にいることを実感できる。
いろんな選択も、切羽詰まった中でするのではなく
余裕を感じながら行うと、
選択力が磨かれていくと思うのです。

「理想の余裕」をビジョンに加える

私はもともと旅行好きではないのですが、以前「理想の私のワークライフスタイル」を手帳に書きだした時、「年3回海外旅行をする」と書いていたんですね。もう3年以上前のことだと思います。

なぜ、海外旅行が好きでもないのにそんなことを書いたのかといえば、海外旅行が年3回もできるなんて、時間にもお金にも余裕のある生活が背景にあるという気がしたから。お金だけあっても、時間だけあっても、たくさん海外旅行をすることは難しいですよね。その両方がある生活が、私にとっては理想だったのです。

そんなことをお正月に書いたその年、私は本当に海外旅行に3回行きました。自分でも驚きでした。その前は5年ほど海外旅行をしていなくて、パスポートの期限も切れているくらいだったのに！

それから、旅行は私にとって身近なものになりました。昔はお金もかかるし、行くのも大変だし、なんだか重い腰が上がらない……という感覚だったのですが、いまは「来月、どこの国に行こうかな」なんて考えられるくらい、軽くボールを投げられるようになったのです。

私は旅行で人生が変わる経験なんてしたことがないし、価値観が変わるといったこともまったくない人間ですが、「自分は自由で豊かだな〜」と実感したり、「世界中どこでも仕事ができるな〜。幸せだな〜」という思いを味わって楽しんでいます。

私は「年3回以上、海外旅行ができる」という状況が、自分の「理想の余裕」だったから、それをビジョンにし、実現することができました。

みなさんの「理想の余裕」とは、どんなものですか？

別荘を持つこと？　ずーっと家の中でゆっくりできること？

自分の基準を、ぜひ考えてみてください。

旅行でワンランク上の豊かさを味わう

旅行といえば、自分の豊かさのレベルをお試しで上げてみる絶好のチャンスです。たとえばいま、自分の住んでいる家をワンランク上に住み変えようとすると、家賃は毎月のことだし、引っ越すのにたくさんのお金がかかったり……と、かなり大変だけれど、それが旅行ならば、憧れのレベルの生活を、少しの勇気で疑似体験できるんです。

これは本当におすすめです。先日スタッフの衣笠環（通称たまちゃん）とハワイへ行った時、彼女は「清水の舞台から飛び降りる気分で、今回の旅行を楽しみます！」と、ホテルの部屋をグレードアップし、飛行機もビジネスクラスに。そうしたら、なんだか、帰国後のたまちゃんを取り巻く環境や思考がさらに上昇したみたいなんです。

私もホテルの部屋を選ぶ時は、できるだけ「自分の部屋より広い部屋」だったり「ラグジュアリーさが味わえる部屋」を選ぶようにしています。

「お得さを追求する」旅ももちろん楽しいけれど、「豊かさを味わう」バカンスもぜひ試してみてください。

せっかくホテルに泊まる機会があるのなら、その空間を味わい尽くし、日常では受けられない極上のサービスを受けてみませんか？

そうすると自分のことをもっともっと大切に扱ってあげたくなって、日常に戻った時も、毎日が楽しくなると思うのです。


一度、自分で「ワンランク上の豊かさ」を体感してみる。

そうすると、そのランクを体が覚えて、いつの間にかそれを選ぶことが当たり前になっているのです!!!

さあ、次の旅行の計画をいますぐ立てちゃいましょう♡

Yurufuwa Trip

LIFE&TIME

旅の時間も、自由に気ままに、ゆるふわに

昔は出発日から最終日まで、友達と予定を合わせて休みを取り、ツアーのチラシとにらめっこをして旅行の予約をとる。そういった旅行しかしたことがありませんでした。

でもね、起業をしてすぐのころだったと思います。何かのセミナーに出たときに後ろの席に素敵な女性社長お二人が座っていらして、会話が聞こえてきました。

「来週からしばらく、パリにいるの」

「え!? 再来週までいる？ じゃあ、時間あるし行こうかな」

「あそこのカフェで待ち合わせしましょ」

そんな会話を名古屋のセミナー会場でしているんです。

もう、「パリでお茶」が「ちょっと、近くでお茶」くらいのノリでした。

まだ20代だった私は、「かっこいい！　いつか私もそんな会話ができるようになりたい！」と思ったものです。

まだまだ「再来週にパリのカフェで待ち合わせね」とまでは言えませんが、最近は、私なりの自由で楽しい旅の形ができました。

気の合う仲間が、それぞれ好きな場所から好きなときに現地に向かい、好きな場所に泊まる。現地で予定を合わせた日に落ち合って、その他の時間は自由に過ごし、好きなときに帰る。

そんな新しい旅行のスタイル。

これを私は「ゆるふわトリップ」と名付けました♡

「こんな旅行スタイル、なんだか難しそう！」と感じても、「ゆるふわトリップ」という名前を聞いたら「できそうかも……」と思えてきませんか？

この「ゆるふわトリップ」は本当にオススメです。私が実際にやってみて思うのは、自分の可能性や枠がものすごく広がったということ。

誰かと同室の宿泊は、楽しさももちろんあるけれど、心からくつろぐのは私は難しい。だから、一緒にいるときは思う存分盛り上がってその時間を楽しみ、夜は一人の時間をしっかりと確保。

いつでもどこでも、自分のペースで仕事もできるようになりました♡

海外のホテルに一人で泊まってゆっくりしていると、ものすごく大人な気分に浸れるし、「自由で豊かだな〜」と実感できます。

もちろん完全な一人旅もいいけれど、寂しがり屋で、そんなに旅行慣れしていない私は、まだまだ「自由」も「友人たちとの時間」も両方楽しめる「ゆるふわトリップ」が、お気に入りです。

ゆるふわトリップ in HAWAII

day 2

朝8時半。たまちゃんは起業家の友だちとダイヤモンドヘッド。私はみきさんとホテルのレストランで朝食。10時に近くのトランプホテルに宿泊していた、起業家の向井ゆきちゃんの部屋へ。そこで2時間、日本と変わらないペースで仕事をする。12時にほかのメンバーも集合し、ホームパーティならぬ、ホテルパーティ。4時間以上盛り上がる。ほとんど仕事の話(笑)。

夕方、アラモアナショッピングセンターで高級デパート「ニーマン・マーカス」を見て、ハワイ名物ガーリックシュリンプをほおばる。夜はホテルの部屋で一人、ロミロミを受けてリラックス。

day 1

夜10時の便で中部国際空港から一人でフライト。約8時間後、ホノルル空港に到着。大阪からきたスタッフのたまちゃんと、友人のみきさんと空港で待ち合わせ。一緒にタクシーでホテルへ。

現地時間は午前11時。ホテル「ハレクラニ」にチェックイン。それぞれの部屋で休憩したあと、ABCストアで食べたいものや使いたいものを調達。「チーズケーキファクトリー」で軽い食事をしたあとホテルに戻り、着替えてディナーへ。起業家仲間でもある友人の萩中ユウちゃんたちと一緒にステーキを堪能。

day 3

　レストラン「ハウツリーラナイ」で朝食。おしゃれ感満載のエッグベネディクトを食べて朝からご機嫌に。「ペアフット ドリームス」のお店で少し買い物をして、老舗ベーカリー「レナーズ」へ。お決まりのマラサダでスイーツタイム。

　そのあとホテルのプールサイドで原稿を書き、本を読む。3時間くらいくつろいだあと、部屋で休憩。

　夜は、現地の男性と結婚した高校時代の友人と合流し、ローカルフードを食べに。

day 4

　朝8時半。朝食で有名な「ビルズ」へ。一番人気のリコッタパンケーキをセレクト。そのあと、ホテルのショップでお土産を買う。チェックアウト後、二人は先に帰路へ。私は夕方のフライトまで気ままに散歩。

　あえてやることを決めていなかったので、ホテルのレストランの眺めのいい席で一人ハンバーガーを食べながら、仕事をしたり、自分のこれからを考える。

　夕方、タクシーで空港に。一人でゆったりと日本へ。

「私の場所」は進化しつづける

起業したてのころ、主婦でもあった私は、家のリビングで「自宅サロン」を始めました。そのあとすぐに、当時通っていたエステサロンの一角を借りて、ファッションコンサルティングをするようになり、開業から半年後には名古屋駅前に事務所を借りて、自分だけのサロンを持つことになります。

そのサロンは、自分が思い描いた空間に近づけられるように、白い家具で揃えました。少しずつサロンの空間ができ上がっていくことが、とっても嬉しかったことをいまでもよく覚えています。

そこからまた半年くらい経ったころ、私は離婚することになりました。サロンと自宅の両方を持つことは金銭的に難しいと考え、サロンを手放したのです。

新しく一人暮らし用の部屋を借り、自宅サロンという形で再出発。

そして今年に入り、その部屋も手放すことにしました。その時思い出したのは……一人暮らしをするその部屋にはじめて足を踏み入れ、「いまは何者でもないけど、ここでがんばる！」と誓ったこと。

引っ越した当初は、はじめて経済的に自立したということもあり、毎日が不安でしかたがありませんでした。

フリーランスなので、毎月決まったお給料が入ってくるわけではありません。

「来月ちゃんと家賃払えるかな」「これから先も、本当に一人でやっていけるのかな」と、不安が押し寄せてきて、わけもなく涙があふれ、クローゼットの中で小さく縮こまっていたこともありました。

その不安をどうにかしてかき消したくて、泣きながらブログを書き続けて……。

あのころの私と、いまの私。

何も変わっていないつもりだけれど、まわりの環境はがらりと変わって、クローゼットの中で一人泣いていた私は、もういません。いま、また新しい環境で、新たなステージが待っているなと、ワクワクしています。

住んでみたいところに住んでみる

実は私、今年の春から東京にも部屋を借り、名古屋と東京のデュアルライフ（二域居住）を始めました。

東京は私にとってすごく都会的で、おしゃれで、憧れの街。

そんな街に、1カ月のうちの1週間程度ではありますが、住めるようになったことに、「なんだか大人になったな〜」なんて、感慨深くもあります。

前々から、デュアルライフについては、それほど不安はありませんでした。というのも、パートナーである彼が、私と出会うずいぶん前、もう10年以上前から香港と名古屋のデュアルライフを送っていて、いまでも毎月10日間ほどは香港で生活しているのです。

彼と出会ったとき、そのことを聞いた私は「毎月!? 信じられない！」と思ったものですが、彼が自然にやってのけているので、私の生活の中でもそれが普通になっていきました。

自分の拠点を二つ持つというのは、もしかしたらとても楽しいことなのかも。

一つはいまいる自分の場所。それとは別に自分がなんだか惹かれる場所、お気に入りの場所をもう一つの拠点にしてみる。

そんなの、無理？

私も、ずっとそう思っていました。でも、私が東京に部屋を借りた時、

「名古屋と東京のデュアルライフを始めるんですよ！」

と得意げに作家のジョン・キムさんに話したら、

「東京と名古屋のデュアルライフなんて、ありきたりじゃない？　名古屋とパリとかにすればいいのに」

というコメントがさらっと返ってきたのです。

そのときは「すごいことを言う方だな」と思ったのですが、ジョンさん曰く、

「フランスのアパートはマンスリーなどで、すごく簡単に借りられる。フランスへ向かう飛行機の待ち時間に空港でスマホから部屋を予約できるくらい簡単。お皿や生活用品

はほとんど揃っているから、とくに準備もいらないしね」

「あぁ、私が『そんなの無理だろうな』と感じていることでも、ほかの誰かにとっては『そんなの簡単〜♡』なんだな」と改めて気づいた出来事でした。

ぜひあなたも、「住んでみたい場所」「なんだか心惹かれる場所」を挙げてみてください。住んでみて満足したり、ちょっと違うなと感じたら、また移ったり戻ったりしてもいいのです（私も現在〈2016年秋〉東京の部屋は手放し、もう一度名古屋に新しいオフィスをつくることにしました）。短期滞在しやすい都市も増えていますし、シェアオフィスや民泊のようなシステムを使って、海外に気軽に住むこともできますよね。

憧れ、心惹かれる場所。そんな場所に軽やかに住めるようなマインドを持てると、仕事も夢も、とても広がるんです。

「そんなのできない！」と決めつける前に、「できる」に変える変換力を、ぜひ使ってみてください♡

This is
MY WORK LIFE STYLE.

Special column

PARTNER

パートナーシップも
ありのままの私で築きたい

in Hong Kong

読者の方から、「パートナーの彼はどんな方ですか？」というご質問をいただくことが少なくありません。

私自身、パートナーシップを育むことが得意というわけではないので、人にアドバイスできることがあまりないのですが、私にとってパートナーは、一番本音を言えて、弱いところや嫌なところを見せられて、でも良いところも誰よりもたくさん知っていてほしい……そんな人です。

大人になると、親や妹とも喧嘩することがなくなって、本気で喧嘩できるのは彼だけ。一番、自分をさらけ出しちゃっています。

私は趣味が仕事なので、ビジネスの話もたくさんします。彼との会話の半分以上はビジネスや経済、株価などの話かも（笑）。みなさんが想像するような、おしゃれで素敵なカップルとは程遠いですよね。でも、そんな関係が私はとても気に入っています。自分が一番興味のあることを、遠慮なく話せて、でも、時々バカなことをして、二人で大笑いできて……。

昔の私が憧れていたような大人のカップルとはちょっと違うけど、今の私が落ち着ける、そんな場所を彼がつくってくれています。

私が求めていたもの。それは「心が穏やかになり、くつろげる安心感」です。逆にいつまでも付き合いたてのような刺激がほしいという方ももちろんいらっしゃいますよね。

みなさんはどんなパートナーシップが理想ですか？

おわりに——いつも「大人になってよかった」と思ってる

最後までお読みいただき、本当にありがとうございました。

とあるセミナーで、若い読者の方から「大学を卒業したら人生を楽しめないいんじゃないか……心配になります」と、相談されたことがありました。

「社会人になったら大変だぞ」「これからは、いままでみたいに自由で楽しくなんて、甘いんだぞ」と、努力と忍耐の大切さをまわりの大人から言われてきたからですよね。


でも、いま私が思うのは「大人、最高！」ということ。

仕事も、住む場所も、遊び方も、友達も……全部全部、自分で選べる。夜、高級アイスをソファーで、グダーっとなりながら食べたって、誰からも怒られたりしない。

大人には責任がある。でも、責任を持って自由に、自分の道を選べる。私は自分の道を選択するたびに、「大人になってよかった～」と喜びを噛みしめています。

念願だったビジュアルブックは、文章だけの今までの本より、時間も手間もたくさんかかりました。それだけに、出来上がったいま、とても感慨深いです。
一冊目からの編集担当さん、WAVE出版のみなさま、いつも本当にありがとうございます。そして、この本にはたくさんの方に関わっていただきました。昔はいろんな「できない」を嘆いていたけれど、素敵な方々のおかげで「私ができなくてよかった、もっと素敵にしてもらえるから」に変わりました。私はたくさんの方に支えられ、「いま」を生きているなと感謝せずにいられません。心からありがとうございます。

「大人になってよかった」は「私に生まれてよかった」につながる素敵な言葉。
この本を手に取ってくださったあなたが「大人の私」で、世界でたった一つのワークライフスタイルを楽しんでくださることを心から願っています。

宮本 佳実

大人は大変じゃなくて、とっても楽しい♡

宮本 佳実

Yoshimi Miyamoto

ワークライフスタイリスト

1981年生まれ、愛知県出身。

高校卒業後、アパレル販売員、一般企業、司会者を経て、28歳で起業を決心し、パーソナルスタイリストとなる。主宰する「女性のためのスタイリングサロン ビューティリア」は全国各地からお客様が訪れるサロンに成長。その経験から、多くの人に「好きなこと起業」の楽しさを伝えたいとコンサルティング活動を開始。

現在はサロンをチーム化し、自身はワークライフスタイリストとして「可愛いままで起業できる！」をコンセプトに活動。女性らしく自分らしく、幸せと豊かさを手に入れられる生き方を、自身のマインドやライフスタイルを通して発信。セミナーは一日で350人が参加するなど大盛況。

著書に『可愛いままで年収1000万円』『成功の扉が次々ひらく♡ミラクルレッスン』『可愛いままでこう働く』（小社刊）がある。

宮本佳実 オフィシャルサイト

Blog	http://ameblo.jp/beauteria/
Instagram	http://www.instagram.com/yoshimi_miyamoto722
Twitter	http://twitter.com/beauteria
Facebook	http://www.facebook.com/yoshimimiyamoto722

可愛いままで年収1000万円になる♡
WORK LIFE STYLE BOOK（ワークライフスタイルブック）

2016年11月30日　第1版第1刷発行

著者　宮本佳実

発行者　玉越直人

発行所　WAVE出版
〒102-0074　東京都千代田区九段南4-7-15
TEL 03-3261-3713　FAX 03-3261-3823
振替 00100-7-366376
E-mail: info@wave-publishers.co.jp
http://www.wave-publishers.co.jp

印刷・製本　萩原印刷

NDC159 190p 19cm
ISBN978-4-86621-015-5